Zauber der Mythen

Herausgegeben von Theodor Seifert

Die Buchreihe „Zauber der Mythen" will mit der Darstellung einzelner Mythen durch verschiedene Autoren den Zugang zu einem in jedem Menschen vorhandenen Fundament von Lebenskraft und Lebensmöglichkeit vermitteln, ein Wiedererinnern ermöglichen.

Die einzelnen Bände zeigen, wie genau die alten Geschichten mit ihren Göttinnen und Göttern, Helden, Schicksalsverläufen und ewigen Gesetzen Lebensfragen darstellen und menschliche Probleme abbilden, die uns noch genauso vertraut sind wie unseren Vorfahren.

Die Geschichten sind faszinierend und ergreifend. Wir begegnen uns selbst in ihnen, schauen und erleben die Kraft und Weite unserer Seele, ihrer bislang nicht ausgeloteten Möglichkeiten. Wir spüren, was wir uns vorenthalten haben, wenn wir diese ewigen Themen unserer Existenz vernachlässigen. Ihnen zu begegnen ist dem Erleben vergleichbar, in dem sich die Bedeutung eines großen Traumes zum ersten Mal erschließt. Die Mythen spiegeln unser Leben und vermitteln die Gewißheit, daß es sinnvoll gelebt werden kann.

Rosmarie Bog

Die Hexe

*Schön wie der Mond –
häßlich wie die Nacht*

Kreuz Verlag

5 6 7 8   97 96 95 94

© Kreuz Verlag AG Zürich 1987
Umschlaggestaltung: HF Ottmann
Umschlagfoto: Manfred P. Kage
ISBN 3 268 00035 5

Inhalt

Wie alles begann...

An einem himmelblauen Paradiesesmorgen schlägt Eva, gerade erst zum Leben erwacht, die Augen auf. Schlaftrunken blickt sie um sich, muß sich erst zurechtfinden in dieser Welt der Formen und Farben, denn lange war ihr gestaltloser Urschlummer im Schoß der Elemente gewesen, aus dem die bildende Kraft des Gottes sie nun gelöst hat.

„Wie schön sie ist", denkt Adam, der sich entzückt über die neue Gefährtin beugt. Jetzt, da er nicht mehr allein ist, merkt er erst, wie einsam bisher seine Tage doch gewesen waren. Und er faßt sie bei den Händen, zieht die Erwachende empor, beginnt ihr den Zaubergarten Eden zu zeigen, den ihnen Gottvater zur Heimat bestimmt hat.

Aber mit der schönen Eva, so weiß das heilige Buch der Juden und Christen zu berichten, schleicht sich das Verderben ins Paradies, das vordem ein Ort der Unschuld gewesen war. Lüstern und leicht verführbar, wie das Weib vom ersten Atemzug an ist, hält sie sich nicht an die vom Schöpfergott aufgestellten Spielregeln. Sie leiht den Einflüsterungen der Schlange ihr Ohr und pflückt den verbotenen Apfel vom Baum der Erkenntnis des Guten und Bösen. Auch ihren Mann verführt sie, davon zu essen. Da „gingen beiden die Augen auf", und sie sahen, was sie nicht sehen sollten. Der erzürnte

Gott aber verstößt sie aus dem Garten des Überflusses, treibt sie hinaus in die Wildnis, wo Mühsal und Schmerzen auf sie warten und der Tod.

So steht die Geschichte vom Sündenfall im Buch der Bücher, aufgezeichnet von den Nachfolgern Adams. Man könnte sie aber auch einmal ganz anders erzählen, gewissermaßen aus weiblicher Sicht. Das würde sich dann ungefähr so anhören:

Bei aller Fülle, die den beiden Paradiesbewohnern ein leichtes und müheloses Leben beschert, gleichen sie Schlafwandlern, die eigentlich noch nicht ganz erwacht sind. Sie sehen – und sehen doch nicht, sie hören – und hören doch nicht. Ihr Geist ist gebunden, ihr Bewußtsein schläft. Eva ist es, die „Mutter aller Lebendigen", die mit der Zeit spürt, daß ein Mißbehagen von ihr Besitz ergreift, für das sie keinen Namen hat. Etwas fehlt – was ist es nur? Manchmal glaubt sie, der Antwort ganz nah zu sein, und plötzlich legt sich ein Schleier über ihre Sinne. Ob das mit diesem merkwürdigen Gebot des Gottes zusammenhängt, alles zu genießen, nur jenen Baum in der Mitte des Gartens zu meiden, an dem die Früchte der Erkenntnis hängen? „Wenn ihr von ihnen eßt", hat der Vater gedroht, „dann werdet ihr sterben!" Trotz dieser Warnung schleicht sich Eva immer öfter in die Nähe des verbotenen Baumes. Sie fühlt sich magnetisch von ihm angezogen. Erst wenn er sein Geheimnis preisgegeben hat, das spürt sie, dann wird sie wissen, wer sie eigentlich ist, dann wird jene innere Gedankenlähmung von ihr weichen, die sie immer wieder befällt.

Eines Tages begegnet ihr die Schlange, die sich gerade am Stamm des Tabu-Baumes hinaufringelt. „Nur zu", sagt diese, „sei doch nicht so zaghaft!

Nimm dir eine Frucht, es wird schon nicht gleich das Leben kosten! Euer Gott weiß wohl, warum er euch verboten hat, davon zu essen. Euch würden die Augen aufgehen, ihr würdet wissen und sehen, wo ihr jetzt noch nicht wißt und nicht seht – ja, ihr würdet sein wie Er, der euch gemacht hat!"

Die Schlange hätte gar nicht geschickter argumentieren können. Sie, die fleischgewordene Weisheit der Urmütter, weiß um Evas innere Kämpfe, denn sie sind vom selben Geschlecht. Ihre Worte sind Heilmittel und Gift zugleich. Die kluge, gefährliche Gegenspielerin des männlichen Gottes weiß, daß Leben und Tod, Gut und Böse wie zwei Seiten einer Münze zusammengehören, daß die Freude und der Schmerz des Erkennens Kinder einer Mutter sind. Solange die zwei Menschen hier im Paradies unter einer Glasglocke leben, werden sie nie zu ganzen Menschen werden. Sie werden sicher und geborgen sein wie die Kinder, aber ohne die Chance, jemals erwachsen zu werden.

Und Eva hört auf die Stimme der Erde, die aus der Schlange spricht. Sie nimmt und bietet auch Adam an, und beide zusammen essen sie die Frucht der Erlösung und des Gerichts. Nun, da ihre Seele vollends zum Leben erwacht ist, sind sie wirklich geworden „wie Gott" – darin hat die Schlange wahr gesprochen. Aber sie sind es nicht lange, denn ihr erzürnter Schöpfer trennt sie vom Baum des Lebens, weist sie hinaus in die Welt, wie sie wirklich ist, jenseits des goldenen Käfigs, in dem sie bisher als eingeschränkte Geschöpfe ihres eifersüchtig über seine Privilegien wachenden Gottes gelebt hatten. Und sie arbeiteten, weinten und sangen zusammen, bis sie des Lebens satt waren und entschliefen.

Viele Theologen späterer Zeit haben in der Erzählung vom Sündenfall den Beweis dafür gesehen, daß die Frau die eigentliche Verderberin des Menschengeschlechts ist. „Die Tür, durch welche der Teufel zu uns kommt", „der Weg, auf dem wir der Bosheit zuwandern", muß sie sich von einem barocken Hofprediger späterer Zeit titulieren lassen.[1] Von der schönen Verführerin bis zur häßlichen Hexe ist zwar noch ein weiter, aber durchaus „logischer" Weg. Eva also, Mutter der Menschen, couragiert da, wo Adam nur angepaßt gewesen war – sie, die unter Tränen zur Weisheit kam, wie es nun einmal Schicksal des Menschen ist–, sie verflucht? Sie gewissermaßen die Vorläuferin aller Hexen?

Darf man sie schelten, weil sie eine Schuld auf sich genommen hat, die uns aus unbewußten Halbtieren zu bewußten Menschen gemacht hat? Weil sie einer Versuchung erlegen ist, die Gott vielleicht sogar mit eingeplant hat? Dieses Geheimnis ist sehr tief und mit den Maßstäben von Gut und Böse allein nicht auszuloten. Aber ist es dann gerecht, ihr Schriftgelehrten und Philosophen von einst und jetzt, jede einzelne Tochter Evas immer aufs neue für etwas zu „bestrafen", was euch zwar sündig und sterblich gemacht hat, aber auch empfänglich für Freude, Schmerz und Liebe?

Wenn man sich heute Gedanken zum Thema „Hexe" macht, wird man immer wieder der Leitmelodie begegnen, die in der Geschichte von Adam und Eva angeschlagen worden ist: Gebot gegen Freiheit, männliche Disziplin gegen weibliche Eigenwilligkeit; der Geist, der über den Wassern schwebt, gegen das mütterliche Urchaos des Abgrunds, in dem alle Keime des Lebens enthalten sind.

„Aber Hexen gibt es doch gar nicht!"

Hesiod spricht in seiner „Theogonie" vom „schlimmen Geschlecht der Frauen, unheilbringend wohnen sie unter den sterblichen Männern".[2] Evas verwirrender Zauber, ihr Charme, ihre Anziehungskraft, die den kühlen Verstand Adams sanft, aber unaufhaltsam zu unterminieren vermag, war für den Mann zu allen Zeiten eine Versuchung und eine Gefahr. Was man fürchtet, wertet man aus Sicherheitsgründen gerne ab; und so wurde denn die faszinierend mächtige Frau zur bösen Hexe umgemodelt, ein Wesen, das den Teufel im Leib hat.

Frauen sind schuld, wenn Männer den Verstand verlieren, wenn ein Verliebter das Gefühl über die Pflicht stellt, wenn ein charakterloser Weichling das Lager der Freundin dem Heldentod vorzieht. Frauen sind von Natur aus lasziv, boshaft, hinterhältig, egoistisch, unsachlich, immer mit irgendwelchem unwichtigen Kleinkram befaßt; ihnen ist ein Kuß, ein zärtliches Wort wichtiger als eine gewonnene Schlacht; sie haben einfach kein heroisches Format. Keiner, ob liebreizend oder krummbucklig, ist über den Weg zu trauen. „Was ist blöder vom Kopf und schwächer vom Herzen als ein Weib", donnert Ignatius Ertl, Augustinereremit und Prediger am Hof der bayerischen Kurfürsten. Ihnen ist, so meint der fromme Weiberfresser, „sogar auch wann sie etwas

Gutes stiften wollen, nicht zu trauen".[3] Ein Beispiel dafür sei die Frau des Pontius Pilatus gewesen, die um ein Haar die ganze Erlösung des Menschengeschlechts zunichte gemacht hätte, weil sie ihren Gemahl um Schonung für den Galiläer bat, um den sie „im Traum viel gelitten hatte".

Ist nun eigentlich die „Hexe", die sich in jedem Frauenherzen verbirgt, wirklich nur verderblich, böse, gottlos? Kann sie nicht auch bezaubern im besten Sinn des Wortes? Muß sie sich überhaupt dafür rechtfertigen, so zu sein, wie sie ist? Diesen Fragen nachzugehen war das Grundanliegen, aus dem heraus dieses Buch entstanden ist. „Aber Hexen gibt es doch gar nicht", erklärte mir der achtjährige Sohn von Freunden im Brustton der Überzeugung, als wir auf dieses Thema zu sprechen kamen. In diesem beinahe empörten Ausruf eines aufgeweckten, intelligenten Kindes meldet sich ein typisches Mißverständnis unseres naturwissenschaftlichen Zeitalters zu Wort. Freilich wandern Engel nicht in wallenden Gewändern und Teufel nicht mit Bockshörnern unter den Menschen herum, und wir können Hexen auch nicht dabei fotografieren, wenn sie auf ihrem Besen durch die Luft sausen. Dennoch „gibt" es sie.

Der Mensch kommt nun einmal ohne „Imagination" nicht aus. „Ich sehe dich in tausend Bildern", beginnt das Preisgedicht von Novalis auf die Himmelskönigin Maria. Der christliche Glaube ist voll von Bildern und Symbolen: das allsehende Auge Gottvaters, der brennende Dornbusch des Mose, der Heilige Geist als Taube, Maria als „Elfenbeinerner Turm", als „Goldenes Haus". Auch die Gestalten, die der sogenannte aufgeklärte Mensch mit dem

Wort Aberglaube abtut, sind zu Bildern verdichtete Kräfte und Energien der Seele, mit denen wir uns täglich auseinanderzusetzen haben. Alles hängt von der rechten Kunst des Unterscheidens ab. Es gibt verschiedene Schichten von Wirklichkeit, die man nicht miteinander vermengen darf: die „da draußen" und die „da drinnen". Die äußere Schicht ist die Welt, wie sie für uns alle wahrnehmbar ist, in der die Schwerkraft gilt und der pythagoreische Lehrsatz. Es ist die Welt des Apfels, in den ich beiße, des Steins, der senkrecht in die Tiefe fällt. Die innere Wirklichkeit ist die der Seele; in ihr sind die physikalischen Gesetze aufgehoben: Im Traum kann ich fliegen und über den Regenbogen spazieren. Hier ist Raum für das Wunderbare und Zauberhafte, für Visionen und Gesichte. Hier finden wir die gespeicherten Urerfahrungen der Menschheit, Instinkte genannt, und eine ganze Galerie von Schicksalsmächten, denen wir Name und Gestalt verliehen haben. Hier wohnen die Riesen und Zwerge, die Götter und Dämonen, hier residiert die schaumgeborene Venus, wandelt die schlangenhaarige Medusa ihre düsteren Wege, und hierher gehört auch die Hexe.

Wie hat man sich nun eigentlich eine „Hexe" vorzustellen? Sie kann tausend Gesichter haben. Da sind zum einen ganz „irdische" und reale Frauen, die besonders wirksame psychische Energien in sich haben und diese zum Nutzen oder Schaden ihrer Umwelt verwenden. Sie können ver-hexen oder bezaubern, zwei Worte, zwischen denen Himmel und Hölle Platz haben. Hierher gehört die Geistheilerin, die Kräuterfrau ebenso wie die sogenannte „Femme fatale" und ihre etwas verwässerte moderne Ausgabe, der „Vamp" mit Sexappeal.

Vornehmlich in spätmittelalterlicher Zeit taucht der „Alptraum Hexe" im menschlichen Bewußtsein auf, eine männermordende Bestie, Verderberin von Mensch und Vieh, obszöne Gespielin des Satans und seiner Helfershelfer. Es war eine Zeit, wo die Quellen des Geistes oftmals trübe und vergiftet waren, wo Angst, Hysterie und Wahnvorstellungen aller Art regierten, wo männlicher Fanatismus die Frau zum verkörperten bösen Prinzip erklärte, Inbegriff der Versuchung auf dem steilen und schwierigen Aufstieg in die Gefilde reiner, lichter Geistigkeit. Dieses verzerrte Phantasiegebilde wurde verhängnisvollerweise auf ganz normale Frauen projiziert, die nun völlig grundlos für jedes Unglück in Haus und Stall, jeden gebrochenen Fuß, jede milchfaule Kuh, für Ungewitter, Seuchen und Kindersterben verantwortlich gemacht und grausam „bestraft" wurden. Die „Hexe" symbolisiert aber auch noch eine besondere Seelenkraft der Frau, eine erdhafte Geistigkeit, eine dem Lebendigen verpflichtete Spiritualität – Eigenschaften, auf die sie nicht verzichten darf, wenn sie nicht zu einer Kümmerform verkommen will, zur Nachtigall ohne Stimme. Es ist ein weitverbreitetes männliches Mißverständnis, die Frau könne nicht „denken", sie sei nur ein Bündel unausgegorener Gefühle. Wir sind sehr wohl in der Lage, unseren Verstand zu gebrauchen, nur sieht das Ergebnis etwas anders aus: weniger abstrakt vielleicht, praktischer und – die Herren mögen mir verzeihen – vielleicht auch humaner.

Wie konnte es nun eigentlich geschehen, daß aus der Hexe der Urzeit, die ja auch weise Seherin, Priesterin, kundige Heilerin war, am Ende die bucklige, triefäugige Alte bei „Hänsel und Gretel" wurde?

Die einzelnen Stationen dieses Weges nach unten hängen aufs engste mit der Entwicklung des menschlichen Bewußtseins zusammen. Der zu geistiger Unabhängigkeit drängende Mann mußte sich mit der Frau, die in einer frühen Periode der Menschheitsgeschichte sehr mächtig gewesen zu sein scheint, auseinandersetzen. Seine Ehrfurcht vor dem Weiblichen verwandelte sich mit zunehmend erstarkendem Selbstbewußtsein in Auflehnung, wurde zum Haß des Ohnmächtigen, der gegen seinen Willen immer wieder in den faszinierenden Sog Evas gerät.

Denken wir an die Sage vom Tannhäuser, dem dieses Schicksal widerfuhr. Über ein Jahr verweilt er bei der Frau Venus, in allen Sinnen von ihr entzückt, bis er merkt, daß er sich selber zu verlieren beginnt, daß „sein Leben krank geworden ist", wie es in einem alten Volkslied heißt. Er bittet die göttliche Geliebte, ihn freizugeben, und als sie ihn festhalten will, reißt er sich mit aller Kraft, die ihm verblieben ist, aus ihren Armen. Ins härene Gewand des Büßers gehüllt, pilgert er nach Rom. Dort angekommen, wirft er sich dem Heiligen Vater zu Füßen und erfleht Lossprechung und Erlösung aus der übermächtigen Verfallenheit an den Erdgeist der Frau. Doch er erhält die Vergebung nicht, denn: „Wer im Venusberg geweilt, der ist auf ewig verdammt." So eilt Tannhäuser denn, an seinem Seelenheil verzweifelnd, in die Welt des Sinnentaumels zurück. Aber die weichen, bergenden Arme der Göttin sind für ihn zur Fessel geworden. Dieses Gefühl, an der Kette zu liegen – und sei sie von Gold –, erzeugt im Manne Haß und Abwehr, schließlich die krankhafte Lust, alles Weibliche, das ihn an der Entfaltung seiner männlichen Eigenart hindert, herabzuwürdigen, ja zu zerstören. Am Ende dieses langen, von Mann und Weib gemeinsam verursachten Wegs flammen die Scheiterhaufen der Hexenprozesse auf. Sie werden errichtet und entzündet von fanatischen Geist-Männern, die aus ihrer seelischen Ohnmacht gegenüber der Urkraft „Hexe" die moralische Berechtigung ableiten, diese Gefäße der bösen Lust zu zerbrechen.

Aber die Macht der „Hexe" in der weiblichen Seelentiefe ist eine dämonische Macht, sie ist unzerstörbar wie der Kosmos selber, und sie kann tödlich sein, wenn man sie nicht mit dem gebührenden Respekt behandelt. „Hier sind Mutter, Schoß, Abgrund und Hölle identisch"[4], schreibt Erich Neumann zu diesem Problem. Weibliche Wesensart will ungefähr mit der gleichen Vorsicht wie eine Starkstromleitung behandelt werden. Wehe dem Unkundigen, dem Leichtsinnigen, dem Überheblichen, der ihr ungeschützt zu nahe tritt! Andererseits: Welch ungeheure Kraftreserven sind hier gespeichert, eine „schlafende Energie", die sich zum Wohle der ganzen Menschheit auswirken könnte!

Diese seelische Kernenergie der Frau ist eine Urmacht der Natur, weder gut noch böse. Abgesehen davon, daß auch die Frau sich für den Weg der „schwarzen" oder der „weißen Magie" entscheiden muß, kommt die Benotung, die Moral erst mit dem Manne ins Spiel. Er muß sich als der natürliche Gegenpol damit auseinandersetzen. Die magnetische Anziehungskraft, die für den „Kopf-Mann" von der „Schoß-Frau" ausgeht, bedeutet Seligkeit und Gefahr zugleich. Die Umarmung der Frau kann beruhigen und erlösen, sie kann aber auch die Manneskraft verzehren, den Willen schwächen, den Geist verwirren. Erinnern wir uns, was mit Samson, dem unbezwinglichen Helden und großen Gottesmann, geschah; wir finden die Geschichte im „Buch der Richter":

Samson ist von Geburt an Gott geweiht. Er zeichnet sich aus durch große männliche Schönheit und einen Körperbau, der dem des Herkules in nichts nachsteht. Mit der Kraft eines wilden Stieres wütet er in den Reihen der feindlichen Philister. Er tötet einen Löwen, „wie man ein Böckchen entzweireißt". In einer einzigen Nacht erschlägt er – gewissermaßen nebenbei – dreißig Männer, deren Gewänder er braucht. Endlich bringen ihn die Philister in ihre Gewalt, aber er zerfetzt ihre Fesseln, als wären es Flachsfäden. Dann „kommt der Geist des Herrn über ihn", und er tötet in einem wahren Blutrausch, nur mit einer Eselskinnlade bewaffnet, tausend Mann.

Aber auch als Gottgesalbter ist er gegen die Verlockungen der Frau nicht gefeit. Er verliebt sich mit der ganzen Inbrunst seiner gewalttätigen Seele in Dalila. Die Philisterfrau, wunderschön von Gesicht und Gestalt und mit dem gewissen Etwas, dem Männer schwer widerstehen können, fühlt sich durch die Liebe des Helden zwar geschmeichelt, treibt mit ihm aber dennoch ein berechnendes Spiel. Wenn es ihr gelingt, dem Samson das Geheimnis seiner Stärke zu entlocken, versprechen ihr die Philister eine fürstliche Belohnung. Im Taumel seiner Gefühle überhört Samson die falschen Töne in den Liebesschwüren der schönen Hexe. Immer wieder bedrängt sie ihn, ihr zu beweisen, daß er sie liebe, „ihr sein ganzes Herz zu öffnen" und zu verraten, woher seine Bärenstärke komme. Endlich, in der Seligkeit einer Liebesnacht, verrät er ihr, daß seine Kraft in den sieben Locken seines Hauptes liege, die niemals geschoren werden dürfen. Damit ist sein Schicksal besiegelt. Samson schläft in Dalilas Armen ein; als er erwacht, ist alle Kraft von ihm gewichen. Er ist ein Mann wie jeder andere geworden, denn im Schlaf hat man ihn seiner Haare beraubt. Die Philister stechen dem verhaßten Feind die Augen aus und führen ihn hinunter nach Gaza, wo er fortan die Mühle treiben muß.

Zu seinem Glück und Unglück zugleich wird also der Mann vom Ewigweiblichen angezogen wie die Motte vom Licht. „Und wenn sie verbrennen" – diese Männer-Motten – „ja, dafür kann ich nicht", singt Marlene Dietrich in dem nach Heinrich Manns Roman „Professor Unrat" entstandenen Film „Der blaue Engel". Daß dieses frühe kinematographische Meisterwerk Weltruhm erlangte und bis heute nicht vergessen ist, kommt nicht von ungefähr. Hier ist die Frau „von Kopf bis Fuß" auf eine Liebe eingestellt, die den Mann verwirrt und aus seiner Selbstsicherheit reißt. Als süße Bestie mit unschuldig durchtriebener Raffinesse rächt sie sich (stellvertretend für manche Zuschauerin) dafür, vom Manne als Spielzeug mißbraucht und verachtet zu werden. Der „Blaue Engel", in einer Periode totaler Männerherrschaft entstanden, ist zu einem modernen Mythos geworden.

Wir Menschen des ausgehenden zwanzigsten Jahrhunderts erfahren es täglich auf die verschiedenartigste Weise, daß wir in einer Zeit des Auf- und Umbruchs leben. Viele Verhaltensmuster erweisen sich als überholt, darunter hoffentlich auch eine ganze Reihe von Klischees über das Wesen „des Mannes" und „der Frau" und ihren unaufhörlichen, gottgewollten Geschlechterkampf, der soviel Energie am falschen Ort verbraucht.

C. G. Jung spricht in seinen Werken immer wieder von der „coniunctio oppositorum", von der Vereinigung scheinbar unversöhnlicher Gegensätze. Vielleicht gelingt es künftigen Generationen, aus diesem großen Gedanken ein Stück lebendige Wirklichkeit zu machen. Die Beziehung zwischen Mann und Frau könnte so aus einem unfruchtbaren Gegeneinander zu einem neuen, erfüllten Miteinander werden, wo beide, Hexe und Held, die Widersacher von gestern, zu Partnern werden, die einander, auch wenn sie grundverschieden sind, respektieren.

Aber, wie Henry Ford einmal sagte: Ein Problem ist erst endgültig geregelt, wenn es gerecht geregelt ist. Das bedeutet in unserem Fall: Die bessere Zukunft kann erst beginnen, wenn wir die weniger ersprießliche Vergangenheit bewältigt haben. Voraussetzung also ist die volle Rehabilitierung der Frau, die Anerkennung und Gleichgewichtung ihrer weiblichen Eigenart, zu der auch die „Hexe" gehört. Wir Frauen müssen sie wiederfinden, diese weibliche Kernenergie, wo immer sie sich aufspüren läßt. Ob häßlich wie die Nacht oder schön wie der Mond: beides gehört zu uns, und wir sollten uns dazu bekennen. Die nachfolgenden Porträts aus Mythen, Märchen und Geschichte, die den verschiedenen Wirkungsweisen der „Hexe" in der Frauenseele nachspüren, möchten dabei ein wenig behilflich sein.

Die unbegreifliche Mutter:
Hekate

Viele Funde, teils von Archäologen aus dem Boden gegraben, teils von Anthropologen und Psychologen in der kollektiven Tiefenseele des Homo sapiens aufgespürt, sprechen dafür, daß die Frau im Leben unserer frühen Vorfahren eine hervorragende Stellung einnahm. Wir haben uns angewöhnt, diese Menschheitsperiode das „Matriarchat", die Zeit der Mütter, zu nennen. Die Frau, die Kindergebärerin, war die Garantin für den Fortbestand der menschlichen Art, für die Fruchtbarkeit der Erde überhaupt, die wie sie immer wieder neues Leben hervorbringt. Sichtbares Zeichen für diese Verehrung des Weiblichen sind kleine, einige zehntausend Jahre alte, noch recht ungelenk und urig geformte Tonstatuetten, die bei Grabungen vielerorts ans Tageslicht kamen. Manche davon, wie die sogenannte „Venus von Willendorf", sind über die Maßen üppige Steinzeitschönheiten mit schweren, quellenden Brüsten, die reichlich Nahrung verheißen, und breit ausladenden Schenkeln, denen so leicht keine Geburt zuviel wird. Nicht alle diese Kultfigürchen protzen so sichtbar mit ihren Geschlechtsattributen; manche zeigen Frauengesichter mit eigenartig rätselhaften Augen; aus ihnen blickt uns über die Jahrtausende hinweg das „Urweib" an, Inbegriff des Lebens, Spenderin und Enderin aller Dinge, sanft und furchtbar, mild und grausam, Mutter, Geliebte, Jungfrau und Jägerin zugleich. Hier finden wir das Urbild der „Hexe"; sie heißt Ischtar und Hekate, Isis in Ägypten, Aphrodite bei den Griechen, Venus im alten Rom, Nerthus an rauhen Germanengestaden, Brigit im fernen Keltenland. Wie die Erde selber, ist sie weder gut noch böse: Sie ist ein Naturereignis. Wenn wir dem orphischen Hymnus an die Natur lauschen, ahnen wir etwas von diesem abgründigen Geheimnis:

„Mutter, reich an Erfindung,
Aller Dämonen oberstes Haupt,
Allnährende, lebenspendende Jungfrau,
Vielsamige, Strudel des Lebens,
Dem Widerstrebenden bitter,
Doch dem Gehorsamen süß."[5]

Der große Kreislauf von Fruchtbarkeit und Tod bestimmt alle Mythen, die ihre Wurzeln in jener fernen Zeit der Mütter haben. Nicht selten tragen die Göttinnen matriarchalen Zuschnitts Beinamen wie „Große Zauberin" oder „Herrin der Hexen", was den Menschen, der sich ihnen mit Opfergaben und Weihgeschenken naht, mahnt, über der Schönheit eines marmornen Standbilds nicht die gewaltige Kraft zu vergessen, die sich dahinter verbirgt.

Hekate die Dunkle, Muttergöttin aus grauer Vorzeit, älter als die Olympier, „schlüsseltragende Herrin des Alls", sie hat ein Anrecht darauf, den göttlichen Frauenreigen zu eröffnen. Herkunft und Alter der Göttin reichen in den Nebel der Urzeit zurück. Schon die Antike konnte sich nicht mehr darüber einigen, wer nun eigentlich ihre Eltern gewesen seien. Die gängigste Meinung vertrat wohl der im siebten vorchristlichen Jahrhundert lebende Dichter Hesiod; nach ihm ist sie eine Tochter des Titanen Peres und der Asteria. In seiner „Theogonie", in der er mit trockener Gründlichkeit die verwandtschaftlichen Beziehungen aller Götter und Halbgötter behandelt, wird manch hochberühmter Olympier mit wenigen Zeilen abgehandelt; bei Hekate indes gerät der Dichter geradezu in Überschwang und Schwärmerei. Vielleicht gehörte er, der sein ganzes Leben auf einem kleinen Landgut zubrachte, zum Kreis ihrer besonderen Verehrer. Hekate war ja wohl vornehmlich eine Göttin für das der Erde nahestehende Landvolk. Verzärtelte Städter, die sich mehr für den Faltenwurf ihrer Gewänder als fürs tägliche Brot interessierten, konnten mit der herben, dunklen Gestalt wahrscheinlich weniger anfangen. Kein amouröses Herumgetändel, wie es die olympischen Hochgötter so oft zum Ergötzen ihrer irdischen Untertanen in Szene setzen, ist von ihr überliefert. Sie entzieht sich menschlichen Annäherungsversuchen, bleibt die dunkle, unbegreifliche Mutter einer versunkenen Zeit. Hekate ragt wie ein erratischer Block in die geschliffene Geisteswelt der griechischen Klassik hinein. Eines ist sicher: Sie wirkte eher furchterregend als mild, eher unheimlich als liebreizend. „Des Kreuzwegs Schattenherrscherin" heißt sie unter anderem in den orphischen Gesängen:

„Himmelskönigin, Erdenfürstin,
Herrin der Gräber, mit Seelen der Toten
Fahrend in nächtlich schweifendem Zug;
Freundin der Einsamkeit,

Furchtbare Herrscherin!
Mächtige Lenkerin, Nymphe,
Männerernährerin,
Jungfrau, höre der Hirten Gebet..."[6]

Hekate wurde vornehmlich an Orten verehrt, wo drei Wege zusammenliefen. Dies erklärt sich einmal daraus, daß sich dort die Geister zu sammeln pflegten, Wesen, die zum Gefolge Hekates als Seelenmutter und „Herrin der Gräber" gehörten. Hekate war aber auch „die auf drei Wegen Wandelnde", im Himmel, auf Erden und in der Unterwelt mächtig. Eines ihrer Attribute ist denn auch der Schlüssel, mit dem sie den Menschen die Tür in diese drei Bereiche aufsperren konnte: ins Dunkel der Unterwelt, in das sanfte Licht der elysischen Gefilde, aber auch in ein glückliches Erdendasein. Das Gesetz, nach dem sie Gunst und Ungunst verteilt, ist undurchschaubar. „Sofern sie einen begünstigt, macht sie aus wenigem viel, und weniges wieder aus vielem"[7], schreibt Hesiod. Wir sind versucht, diese scheinbar regellose Art, wie sie gibt und nimmt, für Launenhaftigkeit zu halten – aber wer blickt schon in die Tiefe dieser unbegreiflichen Seele.

Hekate war die einzige aus dem Geschlecht der Titanen, die Zeus im Krieg gegen die Giganten beistand. Diese Urwesen, häßliche Riesen mit geschuppten Drachenschwänzen statt der Füße, wollten die Olympier aus ihrem Göttersitz verjagen und die Macht über die Erde an sich reißen. Warum hilft Hekate nicht ihrem eigenen Blut, sondern begünstigt den „jungen" Gott, den Aufsteiger Zeus? Vielleicht sagt ihr eine innere Schau, daß die Zukunft bei den neuen Göttern liegt? Alles Ding unter der

Sonne hat seine Zeit; die Zeit der Giganten und Titanen, kraftvoll zwar, aber ungeschliffen und barbarisch, sie scheint abgelaufen. Die Klarheit des Logos schickt sich an, das hellenische Bewußtsein zu erobern, da passen Ungeheuer vom Zuschnitt der vorzeitlichen Drachenschwänzler nicht mehr in die kultische Landschaft. Sie werden aus dem Licht in den Schatten der menschlichen Seele abgedrängt. Zum Dank dafür, daß Hekate nicht wie die übrigen Titanensprößlinge der gigantischen Verwandtschaft hilft, wird sie zunächst als einzige nicht in den Tartarus gestürzt, im Gegenteil:

„Hoch an Ehren stand sie
Unter dem sternigen Himmel,
Und am meisten ward sie geehrt
Von den ewigen Göttern"[8],

singt ihr Verehrer Hesiod. Diese ehrfürchtige Verbeugung vor der großen Frau hat wohl noch einen anderen Grund: Hekate ist die Anführerin der thessalischen Hexen, wilden, furchterregenden Weibern, mit denen sich nicht einmal Zeus selber hätte anlegen wollen.

Eine Episode aus dem Leben der Göttin erzählt, wie sie zur Herrscherin des Totenreichs geworden ist. Eines Tages entwendet sie der Göttin Hera ein wenig Schminke aus dem Salbtopf, um sie der Europa zu bringen. Aber die stets mißtrauische Hera entdeckt den Frevel und läßt die Titanin verfolgen. Nun mischt sich diese unter das Gefolge eines Leichenzugs, entgeht dadurch zwar der Entdeckung, wird aber durch die Nähe des Todes verunreinigt und kann sich unter den Göttern nicht

25

mehr blicken lassen. Zeus, der ihr gegenüber immer Kavalier ist, befiehlt den Kabiren – zwergenhaften Söhnen des Hephaistos, die im Dunkel der Erde leben –, die Göttin von diesem Makel zu reinigen. Dies geschieht im Acheron, dem Totenfluß, und diese Zeremonie macht sie zugleich zur Göttin der Unterwelt.

Bei flüchtigem Hinsehen könnte man diese Begebenheit mißverstehen. Wirkt sie nicht, als wäre sie der nicht sehr verständnisvollen Fabulierkunst eines spätantiken Dichters entsprungen? Weit gefehlt: In dieser Geschichte ist die ganze Tragik der Frau, die zur „Hexe" wird, verborgen.

Hekate hatte zur Göttermutter Hera seit je ein etwas gestörtes Verhältnis. Hera steht für Gesetz und Ordnung in den geschlechtlichen Beziehungen von Mann und Frau. Hekate hat mit der Einehe wenig im Sinn: Sie vertritt noch die freie Partnerwahl der matriarchalen Zeit. Es ist also nicht weiter verwunderlich, daß sie der Europa, einer außerehelichen Freundin des Götterfürsten, zu Hilfe kommen will. Hera aber, die „selige Lagergenossin des Zeus", die augenblicklich recht unselig ist, weil sie den galanten Seitensprung ihres liebeshungrigen Gatten ahnt, sie ist mißtrauisch und wachsam und kommt der „unmoralischen" Hekate auf die Schliche. Sie läßt die Titanin verfolgen; diese mischt sich unter einen Leichenzug und wird dadurch unrein.

Dieser Vorgang heißt, in größere Zusammenhänge übertragen: Hekate gerät in eine Außenseiterrolle; sie ist für die olympische Götterfamilie, die ganz eindeutig nach patriarchalischem Muster lebt und handelt, nicht mehr gut genug, verliert ihre Ebenbürtigkeit. Selbst die Tatsache, daß Zeus ihr zu Hilfe kommt, hat ja eigentlich einen recht selbstsüchtigen Hintergrund: Der blitzeschleudernde Gott, der bekanntlich mit gutem Appetit im Früchtegarten der irdischen Weiblichkeit nascht, braucht die „skrupellose" Hekate als Bundesgenossin. Wie sieht seine Hilfe aber nun eigentlich aus? Er läßt sie von den Kabiren im Acheron, dem Todesfluß, reinigen und schiebt sie durch diesen kultischen Akt mit allen Ehren in den Tartarus ab. Hekate wird mehr und mehr auf ihre Dunkelseite festgelegt, wird Herrscherin im Totenreich, Königin der Hexen und Geister, furchterregend und grausam. Einstmals Beschützerin von Jägern, Fischern und Hirten, gute Fee, Königin der Elfen, erscheint sie von nun an vornehmlich als unheimliche Gebieterin über die Schatten der Toten. Während sie in den orphischen Hymnen noch als „Männerernährerin" gepriesen wird, auf frühen Abbildungen in Gestalt einer Hündin erscheint, die den Asklepios säugt und dem späteren großen Arzt auf diese Weise ihr Wissen um Kräuter und heilende Kräfte mitteilt, wird sie Generationen später zum Ungeheuer, zur „Hexe", die die Männer frißt.

Hekates Kult wandert mehr und mehr in den Untergrund ab, wird zur „schwarzen Magie" erklärt und schließlich offiziell verboten. Diese Entmachtung der einst so geehrten und angesehenen Allgöttin geht Hand in Hand mit der Erstarkung der männlichen Vorherrschaft in Kult und Gesellschaft. So teilt Hekate letzten Endes also doch das Geschick der Titanen. Sie stürzt vom Gipfel der allseits geschätzten „Himmelskönigin" und „Erdenfürstin" ins Dunkel der Vorzeit zurück; sie paßt nicht mehr in die veränderte Kulturlandschaft. Herrin der Geister und Hexen zu sein ist im Lande eines Sokrates, eines Plato nicht mehr ehrenhaft.

Hekates Töchter sind die berüchtigten Empusen, ein komisch-unheimliches Völkchen, vorne Weib und hinten Esel. Sie wirken wie die fleischgewordenen Rachegedanken der beiseite geschobenen Mutter. Reisende aus dem Hinterhalt heraus zu erschrecken macht ihnen ein diebisches Vergnügen. Mörderischer aber ist ihr zweiter Zeitvertreib: Wenn ein Mann sich zur Mittagszeit – der gefährlichen panischen Stunde – auf das Lager streckt, um zu ruhen, gesellt sich eine Empuse zu ihm und saugt ihm das Lebensmark aus den Knochen. Dies ist eine ganz und gar männlich empfundene Mythe, in der die Urangst des Mannes zum Ausdruck kommt, seine beste schöpferische Potenz im Schoß der Frau zu vergeuden.

Neben diesen weiblichen Vampiren haben sich noch andere Dunkelgestalten in Hekates Haushalt eingenistet. Da sind zum Beispiel die Erinnyen, Rachegöttinnen des alten Mutterrechts, die erbarmungslos jede Tabuverletzung, vor allem Muttermord, verfolgen. In den Händen tragen sie messingumwickelte Peitschen, mit denen sie ihre Opfer vor sich hertreiben, bis diese eines qualvollen Todes sterben. Noch heute benutzt man die Redewendung, es werde jemand „von Furien gehetzt", oder man spricht von den Peitschenhieben des schlechten Gewissens. Das Aussehen dieser Rachedämoninnen ist von skurriler Häßlichkeit: alte Weiber mit Schlangenhaaren, Hundehäuptern und kohlschwarzen Körpern, die Augen blutunterlaufen, an den Schultern Fledermausflügel.

Hekate und ihr Gefolge, einstmals geachtet und

verehrt als Repräsentantinnen matriarchaler Lebensgesetze, entarten in der Spätzeit des klassischen Hellenismus zu Alpträumen und Höllenvisionen. Nicht die bergende Dunkelheit der mütterlichen Nacht ist hinfort ihr Reich, sondern die ausweglose, ängstigende Finsternis des Tartarus.

Selten nur zeigt sich die große, dunkle Göttin der Urzeit noch über der Erde. Manchmal, zur Zeit des Schwarzmonds, steigt sie wie das klagende Flüstern des Windes in die Zweige des Weidenbaums, der ihr heilig ist. Dort gesellen sich zwei andere Schattengestalten zu ihr: Circe, die Zauberin, und Persephone, die göttliche Wanderin zwischen Dunkel und Licht. Sie bilden die Dreifaltigkeit des abnehmenden Mondes, von den Hexen verehrt, von den Menschen gemieden.

Pulsschlag des Lebens:
Aphrodite · Venus

Wie erfreulich wirkt nach soviel düsterer Häßlichkeit der Anblick der schönen Aphrodite!
Aber täuschen wir uns nicht: Wohl kann ihr Anblick
bezaubern, doch unter der holden Hülle schlägt
zuweilen ein sehr unholdes Herz. Sie ist zu groß, um
nur schön zu sein.

Schon ihre Geburt ist außergewöhnlich und von
Geheimnissen umwoben. Der Same des von seinem
eigenen Sohn entmannten Urgottes Uranos treibt
lange Zeit auf den Wassern des Meeres umher; er
verbindet sich mit diesen zu „weißlichem Schaum,
es wuchs eine Jungfrau in ihm empor"[9]. Am Strand
der Insel Cypern „stieg die schöne, heilige Göttin
ans Ufer; es sproßte Gras unter ihren zarten Füßen"[10]. Wo sie die Erde berührt, entfaltet sich jauch-
zende Fruchtbarkeit. Homer nennt sie „die Goldene, die das Lächeln liebt". Wenn sie mit ihrem
Schwanengespann übers Meer gleitet, liegen die
Wogen in ruhiger Heiterkeit, Stürme beruhigen sich,
Seefahrer ziehen sicher dahin.

Hinter der berückenden Erscheinung und dem
sanften Zauber der „Schaumgeborenen" kann aber
unvermittelt eine sehr abgründige, unheimliche
Wesensseite hervortreten: es ist die „Uraphrodite",
die dunkle Seelenverwandte der Hekate, die ihre
Herkunft aus dem archaischen Reich der Mütter

nicht verleugnen kann. So ist sie zwar gern in Gesellschaft gurrender Tauben und majestätischer Schwäne, aber auch der ewig brünstige Bock gehört zu ihrem Gefolge. Sie liebt die Anmut der Rose, den fruchtigen Duft des Apfels, aber auch Schlafmohn und Zypressenzweige, die an den Tod gemahnen, finden sich in ihren Gebinden. Als „himmlisch, liederreich, holdlächelnd" besingt man sie – aber auch als „Flechterin des Trugs, unter den Göttinnen herrschende Wölfin"[11]. Manch einem Verliebten verwandelt sie den Honig der Zärtlichkeit in ein gnadenloses Gift, in eine Droge, die süchtig macht und in den Wahnsinn treibt. „Quelle des Lichts" ist sie den einen – „Nachtgöttin" den anderen. Als „Freundin nächtlicher Feiern" beschwingt sie die Seelen – als „Mutter des Zwangs" beugt sie die Herzen unter das Joch der Leidenschaft. Zeus selber zappelte mehr als einmal gleich einem Schmetterling im Netz der Faszination, das die Göttin für ihn ausgelegt hatte.

In dieser süß-gefährlichen Doppelbödigkeit Aphrodites wird ihre „Hexennatur" sichtbar. Die Liebe, sagt man, ist eine Himmelsmacht; aber auch am Himmel leuchten nicht nur Mond und Sterne, da ballen sich Wolken zusammen, da blitzt und donnert es, da rasen die Stürme, da zeigt sich die ganze Urgewalt der Natur, die niemals schön ist, ohne auch schrecklich zu sein.

Aphrodite, Schenkerin der himmlisch-zarten und der sinnlich-grausamen Liebe, ist Zentrum und Pulsschlag des Lebens. Ihre oszillierende, vibrierende Energie wirkt in aller Kreatur: im Gesang der Nachtigall, in der blühenden Vielfalt einer insektensummenden Sommerwiese, aber auch im Katarakt, der sich brüllend in die Tiefe stürzt. Aphrodite lehrt uns das große Mysterium, daß die Wurzel allen Lebens der Eros ist – ja sie ist dieses Mysterium selber. Nicht ein Staubkorn könnte sich bilden, hätten die Atome nicht teil an jener zentrierenden kosmischen Kraft, die die Göttin versinnbildlicht.

„Alles ist ja aus dir,
Du verbandest das Weltall im Innern",

priesen die alten Orphiker sie in ihren Gesängen.

Aphrodite hat ihren häßlichen, hinkenden Gemahl Hephaistos mehr als einmal mit Göttern und Sterblichen betrogen. In olympischen Gefilden scheint Kriegsgott Ares ihr Favorit gewesen zu sein. Man ist versucht, dies etwas oberflächlich mit „Gegensätze ziehen sich eben an" zu kommentieren; aber in dieser Verbindung steckt ein weit tieferer Sinn. Aphrodite haßt den Krieg; ihre Waffen sind geschickte Diplomatie, femininer Charme, zuweilen auch die hypnotische Dunkelkraft ihrer Nachtseite. Sie gewinnt ihre Siege mit weichen Armen und dem bezwingenden Blick ihrer Augen. Brutale Gewalt aber und Kriegsgeschrei sind ihr ein Greuel.

„Schaff' auch, daß indessen
Das wilde Gewerbe des Krieges
Mög' überall entschlummern
In allen Landen und Meeren.
Denn du kannst nur allein
Mit süßem Frieden erfreuen
Unser Menschengeschlecht"[12],

singt der Dichter Lukrez, der ein früher Vorläufer unserer Pazifisten gewesen zu sein scheint.

In diesem ungleichen Liebeshandel „Zärtlichkeit contra Muskelkraft" steckt also wohl auch eine Portion Berechnung, eine sanfte Kriegslist der schönen Göttin. Indem sie Ares bezaubert, an sich fesselt, seine Manneskraft in ihren Armen schwächt, schwächt sie zugleich seine Kriegslust. Er kann ja nur entweder kämpfen oder bei der Geliebten sein. In sehr viel späteren Jahrhunderten, zur Zeit der Minnesänger und fahrenden Ritter, kam für den gleichen Vorgang der Begriff des „Verliegens" auf. Mancher Held verstrickte sich so sehr in eine Frauenminne, daß er über Küssen und Kosen auf sein eigentlichen Handwerk, das Hauen und Stechen, vergaß.

Keine Olympierin hat die menschliche Einbildungskraft so beflügelt wie die lieblich-abgründige Liebesgöttin. In immer neuen Geschichten und Gedichten hat man ihre Romanzen besungen. Eine besonders poetische Affäre hatte sie mit dem jungen, wohlgestalteten Troerprinzen Anchises: Eines Tages, als Aphrodite ihr Haar bürstet und etwas gelangweilt vom Olymp in die Runde schaut, wird ihr Blick von einer herrlichen Jünglingsgestalt gefesselt; es ist Anchises, der auf dem Berg Ida die Rinderherden seines königlichen Vaters hütet. Die Göttin, diesmal selber vom Liebespfeil getroffen, brennt lichterloh. Rasch läßt sie sich von ihren Nymphen baden und schminken, hüllt sich in eine Wolke verführerischer Düfte und begibt sich eilenden Fußes auf die Bergwiese hinunter, wo der Prinz eben sein Mittagsbrot verzehrt. Zwar erzählt ihm die schöne Unbekannte, die wie aus den Wolken gefallen plötzlich vor ihm steht, eine dramatische Geschichte: Sie sei eine phrygische Prinzessin, Hermes habe sie geraubt und mitten im Gebirge verlassen – aber eine Ahnung sagt dem jungen Mann, daß hier keine normale Sterbliche vor ihm steht. So ganz und gar kann die Göttin ihren Goldglanz nicht verbergen – und welches von den Hirtenmädchen, die er kennt, riecht schon so verführerisch! Nur zu bereitwillig erliegt Anchises den Lockungen der schönen Frau. Er nimmt die einen schicklichen Augenblick zögernde Hand und führt sie zum weichgepolsterten Lager. Tiger- und Löwenfelle, erzählt Homer, waren darüber gebreitet; gegen Gefühle von solch animalischer Dynamik ist kein Kraut gewachsen.

Am andern Morgen offenbart Aphrodite dem Geliebten ihren wahren Namen. Der Prinz erschauert in Ängsten, denn es ist für einen sterblichen Mann gefährlich, sich mit einer Göttin zu verbinden. Aphrodite beruhigt ihn: Kein Haar wird ihm gekrümmt werden. Eine Bedingung muß sie allerdings stellen: daß er mit ihrer beider Liebe nicht herumprahlt. Niemals und zu niemandem soll er von dem sprechen, was ihr Geheimnis bleiben muß.

Anchises hält sich lange Zeit an sein Versprechen, bis ihm eines Tages der Wein die Zunge löst und er den Zechkumpanen von der Liebesnacht mit der holden Göttin erzählt. Noch in derselben Stunde trifft den Törichten die Strafe: Zeus selber nimmt ihm, von der erzürnten Aphrodite angestiftet, das Augenlicht. Nie mehr wird er die Schönheit dieser Welt erblicken, deren innerstes Wesen er für eine Nacht in den Armen gehalten hatte.

Ist der Frevel des jungen Mannes wirklich so unerhört? Ist es nicht verständlich, daß ihm der Mund von dem übergeht, was sein ganzes Herz erfüllt? Die Göttin denkt augenscheinlich anders darüber. Verschwiegenheit in Liebesdingen ist eine der zeitlos gültigen Spielregeln zwischen den Geschlechtern. Liebe und Hingabe können nur im Schutz rücksichtsvollen Schweigens gedeihen. Wer gegen diesen Grundsatz verstößt, seine Erfolge ausposaunt, seine „Eroberung" wie einen Halsschmuck herumzeigt, verspielt oft Vertrauen, ja Zuneigung des Partners. „Willst du dein Herz mir schenken, so fang' es heimlich an", heißt es im Notenbüchlein der Magdalena Bach.

Die Göttin, die Frau, sie ist die natürliche Hüterin der Gefühle. Eine Frau bewahrt ihr Kind, das größte Geheimnis, neun Monate lang wie eine Kostbarkeit unterm Herzen, entläßt es erst aus der Geborgenheit, wenn „die Zeit erfüllt" ist. Gefühle können ähnlich schutzlos wie ein ungeborenes Kind sein. Man darf sie nicht zu früh der Zugluft des Alltags aussetzen. Vielleicht wird mancher Leser, manche Leserin an dieser Stelle denken, das sei doch wohl reichlich überholt; heute seien Ehrlichkeit und Offenheit Trumpf. Aber ist das wirklich so? Viele haben im Schlepptau einer „neuen Sachlichkeit" aus der Liebe, die gefeiert werden will, eine Art von Gesellschaftsspiel, einen Schnellimbiß gemacht. Wer aber die Liebe banalisiert, wird selber banal, wird „blind" für die Kraft eines echten Gefühls. Fällt deshalb die Rache der Göttin so schrecklich aus? Ganz plötzlich wird da aus der hingebungsvollen Geliebten die „Hexe", die den Mann verwünscht und verflucht. Wer die Göttin kränkt, kränkt das Leben selber. Wir Frauen, die den Gefühlen, dem Körper näherstehen als der Mann, wir sollten vielleicht wieder lernen, das Leben, die Liebe als Fest zu begreifen. Nichts lähmt die Freude am Dasein so sehr, wie die – als Tugend empfundene! – Nüchternheit des Mannes.

Auch die Frauen bleiben vor Aphrodites Rache nicht verschont, wenn sie die weibliche Solidarität verletzen. Das mußten die Bewohnerinnen von Lemnos erfahren, die es nicht mehr für nötig hielten, der Göttin zu opfern. Lange war der letzte Weihrauch in der Altarmulde verglüht; kein Blumengebinde, kein Myrtenzweig schlang sich mehr um die Schläfen ihres Standbildes im Tempel. Aphrodite dachte sich eine Strafe aus, so schlimm und impertinent, wie sie nur gekränkter Frauensinn erfinden kann. Die abtrünnigen Verehrerinnen hatten plötzlich über Nacht einen so unangenehmen Körpergeruch an sich, daß alle Männer naserümpfend Reißaus nahmen. Schlimmer noch: Die unfreiwilligen Strohwitwer verbanden sich mit thrakischen Mädchen, die sie früher einmal geraubt hatten. Haßerfüllt mußten die Verlassenen dem neuen Liebesglück ihrer einstigen Männer zusehen. Eines Nachts warfen sie sich racheglühend auf die Schlafenden und brachten alle um.

Was war in der Seele dieser Frauen geschehen? Waren sie Opfer einer falsch verstandenen Emanzipation geworden? Wollten sie keine unterdrückten Frauen mehr sein, sondern „Männinnen"? Hatten sie der Liebesgöttin die Freundschaft gekündigt, weil sie es satt hatten, für schwach und wehrlos zu gelten? In einer ganz auf den Mann ausgerichteten Welt liegt solch ein Mißverständnis nahe. „Alles, was du kannst, kann ich noch viel besser", singt die Heldin in einem Musical unserer Tage. Wenn die Frau werden will wie ein Mann, verliert sie alles, was ihre eigentliche Macht ausmacht. Die attraktive Aphrodite wird ersetzt durch phantasielose Sachlichkeit, intellektuelle Tuchtigkeit. Sie verliert ihre Anziehungskraft, der Mann „kann sie nicht mehr riechen". Zärtlichkeit, Liebe, Lebensfreude bleiben auf der Strecke.

Auch Männer entscheiden sich dann und wann für die Liebe und gegen maskulinen Heroismus. Wir alle kennen die Geschichte vom Prinzen Paris, der unter drei Göttinnen wählen soll, welche denn nun die Schönste sei. Um ihrer Bewerbung noch zusätzliches Gewicht zu verleihen, versucht jede der drei Göttinnen, Paris mit einem Geschenk zu bestechen, das er ihrer Meinung nach besonders gern hätte: Hera sichert ihm die Herrschaft über ganz Asien zu, Pallas Athene will einen unbezwinglichen Kriegshelden und den klügsten noch dazu aus ihm machen; Aphrodite endlich verspricht ihm die Hand Helenas, der schönsten unter den sterblichen Frauen. Und Paris, der „Softie", entscheidet sich gegen Glanz und Gloria dieser Welt, er wählt Helena, seine „Anima", und reicht Aphrodite den Siegespreis.

Dieser friedfertige junge Prinz, der sich mehr für die Kühe seiner Herde und für Mädchen als für die Eroberung fremder Länder interessiert, könnte der Menschentyp der Zukunft sein. „Leben und leben lassen", lautet seine Devise – oder, um es im Jargon unserer Tage zu sagen: „Make love, not war!" Eine wohltuend unblutige Lebensphilosophie! Paris ist das Beispiel eines Mannes, der mehr „Weiblichkeit" in sich entwickelt hat als manche Frau, die verzweifelt versucht, ein hundertfünfzigprozentiger Mann zu werden.

Auch die drei an diesem antiken Schönheitswettbewerb beteiligten Göttinnen sind recht charakteristische Vertreterinnen ihres Geschlechts. Hera, die Verfechterin von Zucht und Ordnung am häuslichen Herd, und Pallas Athene, die geharnischte Intellektuelle, fügen sich gut in einen von Männern bestimmten Lebensrahmen ein. Sie haben sich dem Patriarchat angepaßt, spielen Rollen, wie sie in einem Männerstück vorkommen: die züchtige Hausfrau und – mit einigem Vorbehalt – die gescheite Professorin. Aphrodite fällt völlig aus diesem Rahmen heraus. Sie ist die große Außenseiterin; ihr stärkstes Argument ist die Liebe. Sie, die „Hexe" mit dem süßen Lächeln und dem wilden Herzen, ist den beiden angepaßten Olympierinnen überlegen, und so bekommt sie den Siegespreis, den Apfel, Symbol der Liebe und Fruchtbarkeit, zu Recht. In ihr ist die Fülle, das Chaos des Lebens. Manchmal könnte ihr ein kleiner Schuß von Heras Ordnungsliebe, von Athenes strenger Geistigkeit nicht schaden; aber ihre Arme sind zu weit, ihr Herz zu groß, das Feuer ihrer Seele zu brennend, als daß sie sich in eine „bürgerliche" Form zwingen ließe. Aphrodite ist der Fremdkörper im männlichen Lebensgefüge, sie ist die Unruhe im Uhrwerk der Welt, die alles in Bewegung hält. Ohne sie würde das Leben veröden.

Aber auch sie kommt angesichts der fortschreitenden Vermännlichung dieser Welt nicht ungeschoren davon. Als himmlisch reine „Aphrodite Urania" entzückt sie zwar noch die Dichterseelen; ihre orgiastische Dunkelseite aber wandert in den völkischen Untergrund. Sie wird als „Aphrodite Pandemos" die Göttin der körperlichen, der „niederen", der „gewöhnlichen" Liebe, als „Göttin mit der goldenen Sandale" die Schutzheilige der Hetären. Sie verliert ihren Sonderstatus, wird eine Göttin unter vielen.

Im Märchen „Amor und Psyche" endlich begegnen wir ihr in einer späten Zerrform, die unserer „klassischen" Märchenhexe sehr nahekommt. Wie die Stiefmutter in „Schneewittchen" kann sie es nicht verwinden, daß Psyche, eine junge, schöne Sterbliche, ihr die Gunst und Verehrung der Menschen wegnimmt. Sie ist nicht mehr „die Schönste im Land". Die kleinliche Art, wie sie sich an der Nebenbuhlerin rächt, hat nichts mehr vom großen Atem, von der weiten und mächtigen Seele einer Hochgöttin an sich: Sie „fliegt Psychen ins Angesicht, zerrauft ihr das Haar, reißt ihre Kleidung in Stücke und mißhandelt sie aufs erbärmlichste"[13] – die böse Hexe, wie sie leibt und lebt.

Arme Aphrodite, möchte man ausrufen, was hat man aus dir gemacht! Einstmals stiegst du als heiligste der Frauen aus den Fluten des Lebens, Blütenkränze und Räucherwerk dufteten in deinen Tempeln um die Wette, weder Mensch noch Gott konnte sich deiner zwingenden Seelenmacht entziehen. Am Ende ist eine eifersüchtige Keifzange aus dir geworden, der man den magisch betörenden Zaubergürtel nicht mehr glaubt. Du wirst zur Hexe – genauer gesagt: zu der Gestalt, die männliche Angst, männliches Vorurteil aus diesem weiblichen Urwesen gemacht haben.

Aber vielleicht haben wir die Talsohle schon durchschritten? Vielleicht besteht die Chance, daß die Extreme, in die wir deine Gestalt zerdacht haben, langsam wieder zusammenwachsen? Künstler, sagt man, sind hellsichtig. Ich entsinne mich eines Gemäldes des Surrealisten René Magritte:

Eine nackte Frau steht an einen Balkon gelehnt; Kopf und Oberkörper bis unter die Brüste sind von dem gleichen Azurblau, wie es der Hintergrund zeigt, wo sich weiße Schönwetterwolken in einem Sommerhimmel bauschen. Von der Hüfte abwärts präsentiert sich die Schöne in „normaler" Hautfarbe. Aphrodite Urania, die himmlisch Reine der Dichter und Philosophen – und Aphrodite Pandemos, Herrin der fleischlichen Liebe: hier haben sie sich wieder in einem Frauenbild vereinigt. Die Hexe ist vom Fluch erlöst, nur häßlich und böse zu sein.

Tödliche Keuschheit:
Artemis · Diana

Die göttliche Jägerin ist aus ganz anderem Holze geschnitzt als die – zumindest äußerlich – so liebreizende Aphrodite. Auch sie wohlgestaltet und von ebenmäßigem Angesicht, aber sie hat die herbe, schmale Schönheit eines Knaben. Wo Aphrodite die weichen Rundungen des Weibes zeigt, wirkt Artemis stählern und durchtrainiert wie eine moderne Fünfkampfsportlerin.

Alle empfindsamen Regungen sind ihr fremd. Nie darf man sie reizen; ihr sitzen die Todespfeile locker im Köcher, und sie versendet sie erbarmungslos. Ob Hirsch, ob Mensch: beides ist in ihren Augen Wild, das zur Strecke gebracht werden muß. Ihr Herz ist von unbezähmbarer Heftigkeit und kaum zu besänftigen, wenn sie zum tödlichen Schuß entschlossen ist. Mit kalter Gefühllosigkeit, so erzählen die alten Dichter, tötet sie die sieben Töchter der Fürstin Niobe, nur weil sie sich durch eine unbedachtsame Bemerkung der stolzen Mutter gekränkt fühlt.

Wenn sie schon mit ihrem eigenen Geschlecht so gnadenlos verfährt, dürfen Männer erst recht kein Wohlwollen für sich erhoffen. Artemis ist wohl überhaupt nicht das, was man eine gesellige Natur nennt. Sie meidet die Gelage der Himmlischen, ist eine Außenseiterin, auch unter den Olympiern. „Eichwaldgöttin" ist sie, „Freundin der Jagd, die die

Nacht durchstürmt". In der menschenleeren Einsamkeit der Berge und Wälder, unterm kühlen Licht des Mondes ist ihrer Seele wohl. Sie ist ein „Naturkind", bevorzugt als Bett das weiche Moos des Waldbodens, als Schlummerlied das Murmeln der Bäche, als Wächter den lauen Nachtwind, der ihr die Stirn fächelt.

Obgleich sie mit sanfter Weiblichkeit, mit Männern, Liebe und Mutterglück nichts im Sinne hat, verehrt man sie erstaunlicherweise als Schutzgöttin der Schwangeren und Wöchnerinnen. Sie soll bei ihrer eigenen Mutter Hebammendienste versehen haben, als ihr Zwillingsbruder Apoll zur Welt kam. Deshalb also und weil sie dem Mutterleib ganz ohne Wehen und Mühen entschlüpfte, bestimmten sie die Schicksalsgöttinnen zur Helferin in Geburtsnöten; so erklären es die Mythen der klassischen Zeit, aber irgendwo klingt das nicht einleuchtend. Wird mit dieser Version vielleicht eine andere Wirklichkeit überdeckt, versteckt?

Wahrscheinlich war es doch eher die Furcht vor den Todespfeilen der Göttin, wenn Frauen im Kindbett sich gedrängt fühlten, ihre Gunst zu erflehen. Artemis' eigentliches Sinnen und Trachten, ihre „Libido", fließen augenscheinlich in eine andere Richtung: in „die Liebe zur Jagd, zu den Hirschen und Hirschkälbern, die sie den ganzen Tag mit solcher Hitze verfolgt, daß sie keiner anderen Leidenschaft fähig ist"[14]. Hätten wir Feenaugen, könnten wir sie nächtens im Schatten der Bäume vorüberziehen sehen: Voraus eine Meute jaulender und winselnder Bluthunde, gefolgt von einer Schar leichtgeschürzter, hifthornblasender Nymphen, in ihrer Mitte die Göttin selber, von hohem Wuchs, schön und kalt wie der Morgentau auf den Wiesen, mit energischem Griff die Zügel ihres goldenen Wagens führend, das schwarzglänzende Haar im Winde flatternd; umschwirrt von den Vögeln der Luft, umhüpft vom Getier der Erde: Das Wiesel neben dem Hasen, Wildkatze und Wolf und der stattliche Hirsch folgen ihren Spuren, und selbst der Löwe kommt vom Gebirge herab, um der Göttin das Geleit zu geben. Artemis ist ja nicht nur Jägerin, sie ist auch Herrin der Tiere – neben den Nymphen die einzige Gesllschaft, die sie um sich duldet.

Viele Mythen handeln davon, wie unerbittlich Artemis sterbliche und unsterbliche Männer verfolgt, die ihrer Jungfräulichkeit zu nahe treten, wie gnadenlos sie aber auch die eigenen Gespielinnen bestraft, wenn diese das strikte Gebot ewiger Keuschheit verletzen.

Kallisto, die schöne Nymphe, mußte diese unnachsichtige Strenge ihrer Herrin an sich erfahren, obgleich ihre Schuld gewiß nicht groß zu nennen ist. Zeus, der Schwerenöter, verfolgt die Gefährtin seiner Tochter mit begehrlicher Liebe und kommt – wie beinahe immer – auch bei der sich anfänglich Sträubenden ans Ziel seiner Wünsche. Als Artemis merkt, daß die Nymphe schwanger ist, gerät sie in einen ihrer gefürchteten Zornausbrüche und verwandelt die Arme in eine Bärin, auf die sie die Hundemeute hetzt. Wahrscheinlich wäre Kallisto in Stücke gerissen worden, hätte Zeus nicht in einer Anwandlung von schlechtem Gewissen die Nymphe unter die Gestirne an den Nachthimmel versetzt – eine Notlösung, von der er, nebenbei bemerkt, oft und gern Gebrauch macht.

Schon das bloße Abbild der Göttin kann Männeraugen zum Verhängnis werden. Von Astrabakos, dem spartanischen Helden, wird erzählt, daß er eines Morgens vor den Mauern der Stadt in einem Gebüsch eine weibliche Statue entdeckte. Mit Mühe holte er seinen Fund aus dem Dickicht heraus, um ihn genauer betrachten zu können. Doch ein einziger Blick auf die marmornen Züge der Göttin versengte ihm die Sinne; wie vom Blitz getroffen stürzte er zu Boden und war von Stunde an dem Wahnsinn verfallen. – Nur eine Erzählung aus grauer Vorzeit? Es scheint, der irritierende „Hexenzauber", der von einer Frau ausgehen kann, hat über die Jahrtausende hinweg nichts an dämonischer Wirkkraft eingebüßt.

In einer alten Ausgabe der „Berliner Illustrirten" aus dem Jahr 1910 findet sich ein Bericht über den Prozeß gegen eine gewisse Gräfin Tarnowska, für die sich die Männer scharenweise in Unglück und Ruin gestürzt hatten. Lassen wir den Reporter von Anno dazumal selber zu Wort kommen: „Die Furcht vor dem zwingenden Einfluß der Tarnowska auf die Männerwelt ist sogar bis in den Verhandlungssaal gedrungen, und als sie einmal während einer Einvernahme den dichten Schleier zurückschlug, der ihre Züge verhüllte, ersuchte sie der Vorsitzende, den Schleier wieder vorzuziehen, damit die Geschworenen nicht durch die Blicke der schönen Frau fasziniert würden."[15]

Wenn schon ein unbeabsichtigter Blick so verheerende Folgen haben kann, wie muß es erst einem Manne ergehen, der der Göttin selber – zumal in einer höchst verfänglichen Situation – Aug' in Auge gegenübersteht. Hören wir, was dem Jäger Aktäon geschah, den das Unglück an einen Ort verschlug, wo ihn nur äußerste „Rück-Sicht" hätte retten können:

An einem heißen Sommertag ist der Fürstensohn mit seinen Hunden unterwegs im Gebirge. Die Sonne brennt vom Himmel, und so heißt er die Tiere, sich während der Mittagsglut im Schatten zu lagern. Er selber bricht auf, um die Gegend, die ihm fremd ist, zu erkunden. Das Schicksal will es, daß er in einen Waldbezirk gerät, der der Artemis geweiht ist. Dort, in einer verschwiegenen Grotte, die von den frischen Quellen des Gebirges gespeist wird, pflegt sie sich nach der Jagd zu erholen. Schon haben die Nymphen sie entkleidet. In dem Augenblick, da die Göttin den Fuß ins Wasser setzen will, erscheint Aktäon im Eingang der Grotte. Wie festgebannt steht er dort, der verwirrte, unbeholfene Tor, und kann die Augen nicht von ihrer Schönheit lösen. Verzaubert starrt er auf die perlmuttschimmernden Geheimnisse ihres jungfräulichen Körpers, die kein Männerauge ungestraft schauen darf.

Hilflos umdrängen die Dienerinnen ihre Herrin, um die Errötende – ob aus Scham oder Zorn, ist nicht auszumachen – mit ihren eigenen Leibern zu verdecken. Was nun geschieht, erzählt der Dichter Ovid so:

„Zwar hätte sie gern Pfeile zur Hand gehabt; doch da sie nur Wasser hatte, schöpfte sie einfach davon. Und während sie ihm das Haar mit dem rächenden Naß besprühte, fügte sie folgende Worte hinzu: „Jetzt darfst du gern erzählen, daß du mich unverhüllt gesehen hast – wenn du es noch erzählen kannst!' Sie läßt auf dem besprengten Kopf das Geweih des langlebigen Hirsches wachsen und den

*Hals sich ausdehnen, versieht die Ohren oben mit
Spitzen, gibt ihm Füße statt der Hände, lange
Schenkel statt der Arme, und hüllt ihm den Leib in
ein geflecktes Fell. Furcht gab sie ihm auch noch
ein. Es flüchtet der Held, und mitten im Lauf wun-
dert er sich über die eigene Schnelligkeit. Doch
sobald er Gesicht und Geweih im Wasserspiegel
erblickte, stöhnte er auf, und Tränen strömten ihm
übers Gesicht, das nicht mehr das seine war."*

Schließlich wird er von der eigenen Hundemeute
aufgespürt und bis zur Erschöpfung gehetzt. Die
Tiere erkennen ihren Herrn nicht wieder und reißen
ihn grausam in Stücke.

*„Und erst nachdem seinem Leben durch tausend
Wunden ein Ende bereitet war, soll der Zorn der
köchertragenden Göttin befriedigt gewesen sein."*[16]

So endet die Begegnung von Artemis und Aktäon,
dem Manne, der – in unsere Sprache übersetzt – die
Intimsphäre der Frau verletzt hat. Dennoch: Warum
diese übersteigerte Wut der Göttin? Hätte es nicht
genügt, dem neugierigen Voyeur einen gehörigen
Denkzettel zu verpassen? Warum ihm gleich das
Leben nehmen, ihn von Hunden zerfetzen lassen?
Welch eine Aggression steckt in dieser Strafe! Immer wieder stoßen wir im Charakter der Artemis auf
Wesenszüge, die seltsam archaisch und „unolym-
pisch" anmuten – fast, als wäre hier eine Seelenenergie am Werk, die verzweifelt zerstört, woran sie
keinen Anteil haben kann.

Artemis, besessen von einem destruktiven
„Hexengeist", der tötet, was er nicht leben kann, sie

ist das Musterbeispiel einer bindungsunfähigen Frau. Diese wilde Jägerin, der nur in der Einsamkeit wohl ist, verkörpert einen knabenhaften, gefühlskalten, männerfeindlichen Frauentyp, dessen kostbarstes Gut die ängstlich gehütete körperliche Unversehrtheit ist. Ihre frigide Verschlossenheit, ihre Abscheu gegen alles, was nach Erotik und Sinnlichkeit schmeckt, man würde es im Land der gewöhnlichen Sterblichen als zuhöchst neurotisch bezeichnen.

Sie wirkt eigentümlich haus- und heimatlos, diese Olympierin, der der Tod näherzustehen scheint als das Leben. Jagt sie wirklich nur die Tiere des Waldes? Welche Unruhe treibt sie ohne Unterlaß durch die Gründe und Schrüfte der Gebirge? Wonach hält sie Ausschau auf den Gipfeln der Berge? Fast scheint es, als wäre sie auf der Suche nach einem Teil von sich selber, der ihr abhanden gekommen ist. Sie, eine Göttin, und dennoch von Unrast und Sehnsucht umhergetrieben? Ist so etwas denn möglich?

Wie wird eine Frau zur „Artemis"? Wie ist die Göttin selber so geworden, keusch und verschlossen, eine tödliche Gefahr für jeden Mann, der ihr zu nahe kommt? Die jüngeren Mythen sagen: Sie ist es von Geburt an. Es gibt aber ältere Traditionen, die die „Vermännlichung" der Göttin in einem ganz anderen Licht erscheinen lassen.

Artemis – oder Diana, wie sie bei den Römern heißt – war nicht immer die knabenhafte Männerverächterin, als die sie uns in der klassischen Epoche entgegentritt. Sie ist alles andere als ein geradliniger Charakter von maskulinem Zuschnitt, auch wenn sie sich zuweilen recht burschikos gebärdet.

Ihre Unberechenbarkeit, ihr aufbrausendes Temperament, ihre tödliche Rachsucht verraten etwas vom Wesen einer mächtigen Muttergottheit aus matriarchaler Urzeit.

In Ephesos tritt sie uns vollends in verwandelter Gestalt entgegen. Das Standbild der „Großen Diana von Ephesos" weist keinerlei Ähnlichkeit mit der später üblichen Darstellung als leichtgeschürzte Jägerin auf. Hier begegnen wir vielmehr der kosmischen Urmutter: die Arme weit geöffnet – sie können spenden oder erdrücken–, einen Kranz von nährenden Brüsten tragend, das bis zu den Knöcheln reichende Gewand mit der Abbildung wilder und zahmer Tiere geschmückt. Diese Diana-Artemis erinnert in nichts an die spätere Göttin mit den gestutzten Seelenflügeln. Hier steht die große Herrin der Fruchtbarkeit vor uns, ein Abbild der gewährenden und verwehrenden Natur selber. Ihr Heiligtum in Ephesos war Wallfahrtsstätte für Frauen, die ihren Beistand in Geburtsnöten erflehten. Zwar hat sie diese Funktion auch noch in ihrer klassischen Olympierzeit inne, aber die späteren Mythen haben doch einige Mühe, die wilde Jägerin und die Hebamme gewissermaßen unter einen Rock zu bringen.

Doch Artemis' Spuren in der Menschenseele reichen noch viel weiter zurück. In Thrakien verehrte man sie in grauer Vorzeit als Herrscherin über die Welt, als Schöpferin von Pflanzen, Menschen und allem, was da kreucht und fleucht. Bevor sich ihre Gestalt im Dunkel menschlichen Urzeitbewußtseins auflöst, begegnen wir ihr auf Kreta als „Herrin der Natur", als geheimnisumwitterte und sehr alte „Große Mutter" der kretisch-minoischen Epoche.

Artemis, die tödlich Keusche – und Artemis, die schenkende große Mutter: wie schickt sich das zusammen? Man könnte es als besonders eindringliches Beispiel dafür deuten, was mit der Frau unter männlicher Vorherrschaft geschah. Aus der allspendenden, machtvollen Großgöttin mütterlicher Urzeit wird die eingeschränkte, eingeschnürte Weiblichkeit der griechisch-klassischen Epoche: schön, unfruchtbar und kalt wie der Marmor ihrer Standbilder. Die orgiastische Muttergottheit wird reduziert auf eine streng moralische, „züchtige" Diana-Artemis. Und doch schimmert durch das prüde Gebaren ihrer Spätzeit noch etwas von der ursprünglichen Allgöttin durch. Gerade ihre beinahe schmerzliche Unduldsamkeit gegenüber allem, was nach Mann oder körperlicher Liebe schmeckt, ist im Grunde die Rache der „Hexe", die man in einen Käfig gesperrt hat. Sie tötet, was sie nicht lieben darf.

Aber die menschliche Seele geht manche Schleich- und Umwege, um etwas über die Zeiten zu retten, was der geltende Moralkodex längst ausgemerzt und verworfen hat. So begegnen wir denn unserer Diana-Artemis unvermittelt in einem Jahrhundert wieder, wo Zeus und sein Gefolge längst zu kultischer Bedeutungslosigkeit verblaßt sind. Sie ist zur Schutzgöttin des menschlichen „Abschaums" geworden: Diebe, Mörder und leichte Mädchen holen sich bei ihr Trost. Ihr Kult ist bis ins neunzehnte Jahrhundert hinein unter den in Norditalien ansässigen Zigeunern verbürgt. Man verehrt sie als Schutzengel der Entrechteten, der Gesetzlosen. Der Zigeunerforscher Leland zitiert eine Beschwörungsformel, in der es unter anderem heißt:

„Große Diana, du, die du
Beschützerin aller unglücklichen Menschen bist,
Der Diebe und Mörder und auch der Frauen,
Die ein schlimmes Leben führen,
Und doch hast du gewußt,
Daß ihre Arbeit nicht böse ist,
Hast trotzdem noch etwas Freude
In ihr Leben gebracht." [17]

Welch ein weiter Bogen: von der Herrin des
Lebens, der großen, segenspendenden Diana zu
Ephesos – über die männerverachtende Jungfrau,
die tötet, was sie nicht lieben kann –, bis zur für-
sorglichen Beschützerin derer, die auf der Nachtseite des Daseins leben. Diana, Herrin der Haus- und
Rechtlosen, „Muttergottes" der Dirnen und Hexen:
ein Abstieg? Gutbürgerlich betrachtet, gewiß. Aber
auch in der Bibel holt der Herr seine Gäste von
Zäunen und Wegrändern; Diana sucht die ihren in
Spelunken und Freudenhäusern – eine barmherzige
Hexe, die nach langen Irrwegen wieder zu ihrem
eigentlichen Wesen zurückgefunden hat.

Die süße Bestie: Circe

Auf der Insel Aiaia herrscht Circe, Tochter des Sonnengottes Helios und Schwester der Hekate – eine merkwürdig widersprüchliche Verwandtschaft. Vom Vater hat sie die helle, gleißende Schönheit; dunkel und unheilvoll aber ist das mütterliche Erbe.

Wie eine wohlgestaltete, gefräßige Spinne sitzt sie in ihrem Palast; unter ihren Händen entsteht ein besonderes Gespinst: Schicksalsfäden, Todesfäden, mit denen sie die Menschen, vornehmlich die Männer, „einwickelt". Sie ist eine Meisterin der magischen Worte, aber auch die Sprache der Kräuter kennt sie wie keine zweite. Bis auf den heutigen Tag lautet der botanische Name des Großen Hexenkrautes sinnigerweise „Circaea Lutetiana".

Aiaia – ein Laut wie Kinderweinen, wie der Wind, wenn er klagend durch die Bäume streift. Für Menschen ist diese Insel ein gefährlicher Ort. Erlen und Weiden, die Bäume des Todes, säumen die Ufer und erinnern daran, daß hier eine Stätte des Unheils ist. Wer diesen Boden betritt, muß schlimmer Dinge gewärtig sein. Circe mag die Sterblichen nicht besonders, und Männer mag sie nur, wenn sie von ansehnlicher Gestalt sind und ihren Appetit wecken. Allerdings soll die begehrliche Liebe der Nymphe fast so verhängnisvoll sein wie ihre Abneigung.

In frühen Menschheitstagen gehörte Circe wohl zum Kreis jener Muttergöttinnen, denen wir bereits unter verschiedenen Namen begegnet sind. Sie konnten ebenso schenkend wie verderblich sein. Bei Circe überwog im Lauf der Jahrtausende der negative, destruktive Aspekt; in ihr sammelten sich die mörderischen Instinkte, das dunkle Blut der Urzeitmütter. Ihre Umarmung wurde zum Gift, das den Lebensstrom lähmt, ein Kuß von ihr wirkte wie ein Schluck aus dem Schierlingsbecher. Hexen, so argwöhnen ja die Männer, besitzen die Fähigkeit, ihnen die Lebenskraft zu rauben, das warme Blut aus den Adern zu saugen. Circe, Hexe aller Hexen, ist von dieser Art.

Ihr düsterer Sinn wird nirgendwo sichtbarer als in ihrem auf Kolchis gelegenen Friedhof, der mit Weiden bestanden und der Schwester Hekate geweiht war. Hier wurden männliche Leichen, in Tierhäute eingewickelt, in die Kronen der Bäume gelegt, wo sie den Vögeln zum Fraße dienten. Nur Frauen durften in der Erde bestattet werden. Dieser makabren Symbolik gebricht es nicht an Sinn; sie sagt etwas sehr Grundsätzliches über die Naturnähe der Frau und die Naturferne des Mannes aus. Während die Frau, die Schwester der Erde, wieder in deren Schoß aufgenommen wird – zur „ewigen Ruhe" –, ereilt den Mann sein Geist-Schicksal: Er wird den Vögeln des Himmels, dem luftigen, pneumatischen, unruhigen Element preisgegeben. Sein Leib wird zerteilt, gleichsam „analysiert"; ihm geschieht, was männliche Gewalt seit jeher der weiblichen Erde antut. Circes Friedhof ist ein schlimmer Ort ausgleichender Gerechtigkeit.

Diese prinzipielle Männerfeindlichkeit hindert die

Nymphe indes nicht daran, im Einzelfall ein Wesen der Gattung Mann höchst begehrenswert und attraktiv zu finden. Odysseus und seine Gefährten können ein Lied davon singen. Als sie, knapp dem Tod entronnen, an Aiaias Küste anlegen, hören sie einen betörenden Gesang. Odysseus schickt einen Spähtrupp aus, der die Lage erkunden soll. Die Männer gelangen, von süßen Kantilenen geleitet, an die Tore eines Palastes. Daß hier nicht alles mit rechten Dingen zugeht, merken sie an einer Vielzahl wilder Tiere, die um die Mauern streichen und sich auffallend zahm, ja menschenähnlich aufführen. Nicht nur, daß sie ihnen freudig winselnd entgegenlaufen: Sie richten sich auch noch auf den Hinterläufen auf und tätscheln ihnen mit den Vorderpfoten die Gesichter. Den Kundschaftern ist bei soviel Wolfs- und Bärenzärtlichkeit nicht eben wohl in der Haut. Zögernd und auf Schlimmes gefaßt, betreten sie die Eingangshalle, um sich unvermittelt einer faszinierend schönen Frau gegenüberzusehen, deren Haare wie gesponnener Sonnenschein glänzen. Es ist Circe, die gerade mit dem Sortieren von Kräutern beschäftigt ist. Erfreut geht sie den Männern entgegen und lädt sie mit so bezaubernden Manieren zu einem Willkommensmahl, daß alles Mißtrauen schwindet. Honig, geröstete Gerstenkörner, Quark und starken Wein setzt sie ihnen vor. Heimlich aber hat sie in den Begrüßungsschluck etliche Tropfen ihrer Zaubermixtur gemischt. Kaum ist das Gebräu durch die durstigen Kehlen gelaufen, da berührt die tückische Göttin die Scheitel ihrer Gäste mit dem Zauberstab und verwandelt sie in grunzende Schweine, die sie mit bösem Lachen in einen Koben treibt. Dort wirft sie ihnen etliche

Hände voll Eicheln und wilder Kirschen – die Speise der Toten – vor, was für ihre Zukunft nichts Gutes ahnen läßt.

Einer aber, Eurylochus, der vorsichtigste von allen, ist Circes Zauberstab entkommen. Eilenden Fußes kehrt er zum Schiff zurück und bringt Odysseus die Schreckensbotschaft. Der macht sich zwar sofort auf, um die Kameraden zu retten, aber er überstürzt nichts, er geht klug und besonnen ans Werk. Mit Berserkermanieren, das ist ihm klar, wird er die süße Bestie kaum in die Knie zwingen. Was also soll er tun? Mitten in seine Überlegungen hinein hört er plötzlich die Stimme des Götterboten Hermes, der zu seiner Hilfe herbeigeeilt ist. Er bringt ihm das Götterkraut „moly"; wer an seiner Wurzel riecht, ist gegen alle magischen Tricks gefeit.

Auch ihrem vermeintlich neuen Opfer bietet Circe mit betörendem Augenaufschlag den „Willkommenstrunk"; diesmal aber versagt der Zauber. Odysseus nutzt ihre Überraschung, greift zum Schwert und bedroht die schöne Hexe, die zum erstenmal vor einem Manne Angst empfindet. Schließlich zwingt er sie, allen Verzauberten die menschliche Gestalt zurückzugeben. Als Circe erfährt, daß es der listenreiche Odysseus ist, dem sie die Niederlage verdankt, hebt sich ihr Selbstbewußtsein wieder; gegen den Klügsten der sterblichen Helden den kürzeren zu ziehen ist keine Schande. Sie bietet ihm sogar den Ehebund an, und Odysseus, dem das liebliche Scheusal gefällt, willigt ein. Allerdings läßt er, vorsichtig wie er nun einmal ist, von der Zauberin zuvor einen heiligen Eid schwören, daß sie an ihm und seinen Männern keine weiteren Kunststücke mehr versuchen wird.

Lange Monate – manche sagen Jahre – verbringen Odysseus und seine Gefährten nun bei der zauberkundigen Frau. Zwar läßt sie, getreu ihrem Schwur, die Gifttränke im Schrank; aber eine Circe hat noch andere Möglichkeiten, sich die Männer gefügig zu machen, sie zu „becircen". Bald kann sie die starken Helden um den Finger wickeln; sie „fressen ihr aus der Hand", benehmen sich fast schon wieder wie unvernünftige Tiere. Sie vergessen ihre heroischen Taten, die Abenteuer der Ferne und versinken in einem angenehmen Wohlleben. Nur Odysseus verliert die Heimat nicht aus dem Sinn. Nach oftmaligem Drängen ihres „Gemahls auf Zeit" und auf höheren Befehl aus dem Olymp findet sich Circe endlich dazu bereit, den Zauberbann um ihre Insel zu lösen und ihren Gästen den Weg zurück in die Menschenwelt zu gestatten. So versinkt denn eines Morgens die erlenbewachsene Toteninsel hinter den Männern im Meer. Nun erst sind sie wieder sie selber und erkennen, was sie ihrem Anführer zu danken haben. Ohne Odysseus, der die schöne böse Frau mit ihren eigenen Waffen besiegen konnte, wären sie den Netzen Circes wohl schwerlich entronnen. Wer weiß: Vielleicht hätten sie inzwischen bereits samt und sonders ein unrühmliches Ende in den Kochtöpfen der Unholdin gefunden.

Die meisten Begegnungen der mächtigen Zauberfrau mit Menschenmännern verliefen für diese weniger glimpflich. Ein trauriges Beispiel dafür ist Picus, dessen Standbild im Palast der Circe aufgestellt und immer mit frischen Blumen geschmückt war. Er war einst König im ausonischen Land gewesen. Schönheit des Leibes und des Herzens verbanden sich in ihm zu einer anziehenden Persönlichkeit. Gern wäre jede Nymphe, jede Dryade seine Gespielin gewesen, aber Picus liebte nur eine von ihnen: Canens, deren Stimme von so bezwingendem Wohllaut war, daß wilde Tiere davon zahm wurden und Flüsse in ihrem Lauf innehielten, um ihrem Gesang zu lauschen.

Das Unglück will es, daß der junge König während einer Eberjagd der Circe über den Weg läuft, die auf der Suche nach seltenen Kräutern ihre Insel verlassen hat. Ihn sehen und in stürmischer Leidenschaft entbrennen war das Werk eines Augenblicks.

„Aus der Hand fielen ihr die Kräuter,
die sie gesammelt hatte,
und es war, als züngle ihr eine Flamme
durch Mark und Bein.“[18]

Circe hat keine Lust, sich in schmachtendem Sehnen aus der Ferne zu verzehren, das ist nicht ihre Art. Sie will dieses Bild von einem Mann für sich gewinnen, will ihn genießen wie eine reife, schöne Frucht, in deren Fleisch man mit Behagen die Zähne gräbt. So schafft die Hexe denn die Truggestalt eines gewaltigen Ebers und läßt diesen an Picus vorbei ins Dickicht rennen. Der König steigt vom Pferd und stürmt dem Tiere nach. Nun bietet Circe ihre ganzen magischen Künste auf:

„Sie spricht dunkle, mächtige Worte“,
singt „ein unbekanntes Lied,
mit dem sie das Gesicht der schneeweißen Luna
zu entstellen und das Haupt des Vaters,
des Sonnengottes, mit wäßrigem Wolkengewebe
zu verhängen pflegt.“[19]

Nebel steigen aus dem Boden, der König verirrt sich, wird von seinem Gefolge getrennt. Auf diesen Augenblick hat die Zauberin gewartet. Plötzlich steht dem jungen Mann statt des verfolgten Ebers ein göttlich schönes Weib gegenüber, das ihn mit bestrickenden Schmeichelworten anspricht:

„Bei deinen Augen,
welche die meinen gebannt haben,
bei dieser Schönheit, Herrlichster,
die mich, die Göttin, dir flehend zu Füßen legt,
nimm dich meiner Liebesglut an
und verachte nicht hartherzig
die Titanentochter Circe!"[20]

Schöne Worte, die dem Opfer eine Freiheit der Wahl vorgaukeln, die es in Wirklichkeit nicht mehr hat!

Picus verkennt den verschleierten Befehl. Er denkt an Canens, sein junges Weib, das zu Hause auf ihn wartet. „Wer du auch sein magst", gibt er ihr zur Antwort, „ich bin nicht der Deine. Einer anderen gehört mein Herz, und es soll ihr mein Leben lang gehören."[21] Das ist zwar edel und aufrecht, aber äußerst unklug gesprochen, wie sich gleich erweisen wird.

Enthaltsamkeit? Rücksicht auf andere? Anerkennung älterer Rechte? Das sind keine Tugenden, die man von einer Circe erwarten darf. „Das sollst du mir büßen", faucht die so schroff Zurückgewiesene, die nun plötzlich die süße Maske fallen läßt. „Was eine Gekränkte, was eine Liebende, was eine Frau vermag, wirst du erfahren." Sie wendet sich dreimal gegen Sonnenauf- und -untergang, berührt ihn dreimal mit dem Zauberstab, spricht drei Sprüche. Picus will fliehen, aber es ist zu spät. Sein Leib schrumpft und bedeckt sich mit Federn, aus dem Rücken wachsen Flügel: Er wird zum Specht, dessen buntes Gefieder an die Farben der Kleidung erinnert, die er zuletzt getragen hat.

Lange suchen die Gefährten nach ihrem König, aber sie treffen nur auf eine unheimliche Fremde, die einen bunten Vogel in den Händen birgt, und dringen – Toren, die sie sind – mit ihren Waffen auf sie ein. Circe, nun so richtig in Fahrt, inszeniert ein wahres Höllenspektakel.

„Sie verspritzt schädliche Säfte und giftigen Schleim, ruft die Nacht und die Götter der Nacht aus Erebus und Chaos herauf und beschwört mit langanhaltendem Heulen Hekate." [22]

Da beginnt die Erde zu ächzen, das Gras wird rot, die Steine schreien, und Geister flattern wie Fledermausschwärme umher. Die Hexe berührt die vor Schreck Erstarrten mit ihrem Stab und verwandelt sie für den Rest ihrer Tage in wilde Tiere.

Circe ist das Musterbeispiel der rücksichtslosen „Naturfrau", die ihre Triebe hemmungslos auslebt. Ihr naiv über den Weg zu trauen wäre Selbstmord. Bis auf den heutigen Tag steht ihr Name für alles, was der Mann an der Frau fürchtet und als „hexenhaft" ablehnt: Launenhaftigkeit, Arglist, Egoismus, Begehrlichkeit, Hemmungslosigkeit – eine blendende Erscheinung, gepaart mit der Seele eines giftigen Skorpions. Circe verbraucht Liebe und Männer wie einen Konsumartikel; sie fragt nicht nach dem Wohl und Wehe des jeweiligen Partners, sie denkt nur an die Befriedigung der eigenen Wünsche. Ihre Liebenswürdigkeit ist von der Art der Schlangen, die ihre Opfer paralysieren, bevor sie diese verschlingen. Sie macht erbarmungslos Jagd auf den Mann, benutzt dazu aber nicht Pfeil und Bogen, sondern die „weiblichste" aller Waffen: das Giftfläschchen.

Also eine durch und durch verderbte Person, ein abschreckendes Beispiel für die Frau, wie sie es nicht machen sollte? So einfach liegt die Sache wiederum nicht. Eine wohldosierte Portion „Circe" kann in unserer männerbetonten Welt eine durchaus legitime und wirksame Waffe sein. Im „Krieg der Geschlechter", wie er heutzutage immer noch üblich ist, siegt nicht selten weibliche Diplomatie, feminine Raffinesse über maskuline Kraftmeierei. Manche Frauenrechtlerin wird es ja vielleicht als entwürdigend betrachten, zu solchen Finten greifen zu müssen. Aber die Keule taugt nun einmal nicht für Frauenhände. Warum sollen wir nicht die uns gemäßen Waffen benutzen, solange zwischen den Geschlechtern immer noch gekriegt und gesiegt werden muß? Damit ist nun allerdings nicht – der Ordnung halber sei's gesagt – das Giftfläschchen gemeint!

Nur dem listenreichen Odysseus gelingt das Kunststück, sich die Hexe in Liebe und Freundschaft zu verbinden. Nicht mit Mut allein und nicht mit Bärenstärke gewinnt er die Circe-Frau für sich, sondern indem er selber seine „Kräuter- und Zauberseite", seine weiblichen Seelenanteile entwickelt. Das Kraut „moly" im Verein mit der ihm angeborenen Schläue schafft, was keine Männerfaust zuwege brächte: Aus der tückischen Schwarzmagierin wird die Freundin, die Geliebte, die Mutter seiner Kinder. Hier stehen sich zwei gleichrangige Partner gegenüber.

Circe verkörpert ein Stück weiblich-heidnische Urseele, die man weder taufen noch domestizieren kann. Sie entzieht sich jeder Verharmlosung, bleibt dunkel und irdisch und tut lächelnd das Böse. Sie ist ein Stück Natur, die ja auch nicht danach fragt, ob das, was sie bewirkt, „gerecht" oder „gut" ist.

Wir Frauen wären schlecht beraten, wenn wir unsere „Circe" um des lieben Friedens willen verleugnen oder verdrängen würden. Wir brauchen die „Hexe", wie die Suppe das Salz braucht: wohldosiert, aber unbedingt. „Nur Hexe" zu sein hieße die menschliche Ganzheit verfehlen, zu der auch für die Frau ein gewisses Maß an Klarheit und Vernunft gehört. Wollten wir aber völlig auf diese mächtige Energie zugunsten eines vom Manne abgesegneten Wohlverhaltens verzichten, gerieten wir in die Gefahr, zu uninteressanten, wehrlosen „Zweitmenschen" zu werden – was viele von uns ja in der Tat lang genug gewesen sind –, praktisch zwar, aber langweilig; brav, aber unfähig zu wirklicher Partnerschaft, in der die Frau mehr sein muß als Zuckerpuppe oder Männerkopie.

Zugegeben, für den Mann ist der Umgang mit dem „Rätsel Circe" ein schwieriges Problem; früher wurde es so gelöst, daß man diese Seelenanteile der Frau einfach als „unmoralisch" abwertete. Heute geht es darum, sich mit ihnen auszusöhnen, einen Pakt damit zu schließen, der für Mann und Frau lebbar ist.

Die Verbindung Circe–Odysseus weist den Weg, wie ein solches Zusammenleben aussehen kann.

Ganz gewiß war diese Partnerschaft kein harmloses gemeinsames Honigschlecken, da mag es geblitzt und gedonnert haben. Allerdings werden sie ihr gemeinsames Leben auch nie als langweilig empfunden haben. Im Umkreis einer Frau, die es gelernt hat, ihre „Hexe" bewußt zu leben, gibt es keine Öde, keine Macht der Gewohnheit, die so viele Ehen zu einem grauen Einerlei werden läßt. Der Mann, der sich in Circes Nähe gehenläßt, lebt gefährlich; mancher Partner, dessen Gefährtin plötzlich ihr Recht auf ein eigenes Leben reklamiert, mag diese Entdeckung wohl schon gemacht haben.

Circe, die Hexe, ist die personifizierte Lebensenergie, einmal finster wie die Nacht, einmal hell wie der Mond, und immer gut für eine jener Überraschungen, die unser Dasein bunt und schwierig zugleich machen.

Mörderische Liebe: Medea

Medeas Lebenslauf beginnt mit einer ähnlich problematischen Schicksalshypothek, wie wir sie bei ihrer Tante, der Zauberin Circe, vorfanden. Sie kommt als Tochter Hekates und des Königs von Kolchis zur Welt. In ihr verbinden sich zwei widersprüchliche Lebensströme: das männliche Ahnengut des Menschenvaters und das wilde, ungebärdige Blut der göttlichen Titanin. Diese explosive Mischung wird ihr ganzes Fühlen und Handeln bestimmen, wird sie in irdisches Verhängnis und göttliche Unsterblichkeit führen.

Man nennt sie die größte Zauberin der griechischen Mythologie. Ihr Leben ist eine einzige Aneinanderreihung von Liebe, Verrat, Eifersucht, Haß, Mord und Totschlag; es zeigt, was geschieht, wenn Gefühle ausufern, wenn sie die Seele überschwemmen und alles mit fortreißen, was dem Dasein Halt und Struktur verleiht: soziale Bindungen, ethische Grundregeln, die natürliche Stimme des Blutes.

Hekate, in deren Heiligtum sie Priesterdienste versah, und deren Schwester, die Erzhexe Circe, unterwiesen sie gemeinsam in allen Künsten der Magie und machten sie mit der Heil- und Giftwelt der Pflanzen vertraut. Bald erreichte sie in beiden Bereichen einen unerhörten Grad der Meisterschaft.

„Sie kannte den Saft vom Kraut des Vergessens,
Worte, die Schlummer erzeugen, die stürmisches
Meer und schnelle Ströme zum Stehen bringen",

heißt es bei Ovid. Noch verwendet sie ihr Wissen
zum Vorteil der Menschen, als „weiße Magie". Ihr
großzügiges und in jungen Jahren warmherziges
Naturell rettete mehr als einem Fremdling, der nach
dem barbarischen Landesbrauch der Göttin-Mutter
hätte geopfert werden müssen, das Leben.

Das Verhängnis beginnt mit jenem Tag, an dem
Jason mit seiner Argonautenschar das Ufer von Kolchis betritt. Der erste Blick auf den Helden fährt wie
ein Blitz in die Seele Medeas und versengt sie auf
immer. Zwar ist auch Jason von ihrem fremdartigen
Reiz berührt, aber für ihn ist die Kolchierin doch vor
allem Mittel zum Zweck, denn ohne Medeas zauber-
kundige Hilfe kann er das Goldene Vlies, um des-
sentwillen er nach Kolchis gekommen ist, nicht
gewinnen.

Jason ist „Ehrenmann" genug und ehelicht die
Barbarin, die für ihn sogar den eigenen Bruder er-
mordet. Aber welcher normal gebaute Mann erträgt
schon auf die Dauer die unbändige Seele einer
Medea, ohne in Überdruß und Abwehr zu geraten!
Zehn Jahre, erzählen die alten Mythensänger, teilt
er mit ihr Tisch und Bett, genießt die Vorteile, die es
haben kann, mit einem Zauberweib liiert zu sein,
dem kein magisches Mittel unter dem Mond fremd
ist. Selbst altersspröden Knochen kann sie die Ela-
stizität der Jugend zurückgeben; Jasons eigener
Vater ist der Nutznießer dieser Künste Medeas. Nach
zehn Jahren aber ist Jasons Zuneigung erschöpft,
aufgebraucht. Er verliebt sich in die „weiblichere",

weichere Glauke, Tochter des Königs Kreon, und verstößt Medea, die ihm inzwischen zwei Söhne geboren hat.

Vom Gatten verlassen, in einem Lande lebend, das ihr immer fremd und unvertraut bleiben wird, wandelt sich Medeas leidenschaftliche Liebe in ebenso leidenschaftliche Abneigung – und hassen kann sie, darin ist sie die echte Tochter ihrer dunklen Hexenmutter. Die erste, die ihre Rache zu kosten bekommt, ist die Nebenbuhlerin, die sie auf grausame Weise tötet. Sie schickt ihr, scheinbar versöhnt, ein kostbar glänzendes Festgewand, das sich auf der Haut der Unglücklichen in unverlöschliches Feuer verwandelt.

Aber Medeas verzweifelte Zerstörungswut ist noch lange nicht gesättigt. In einem Anfall orgiastischer Raserei stößt sie den beiden Söhnen eigenhändig den Dolch in die Brust. Dann schwingt sie sich in ihren Drachenwagen und flieht durch die Lüfte, unerreichbar für Jason, dem sie alles Glück der Erde an einem Tag vernichtet hat.

„Ruchloses Scheusal du",
schreit er in ohnmächtiger Wut
der durch die Wolken Enteilenden nach,
„verhaßt den Himmlischen und mir
und allen Menschen!
Du, eine Löwin, nicht ein Weib,
von wildrer Art als Skylla,
tief im Meeresfels Tyrrhenias!"

Fast empfindet man Mitleid mit dem betrogenen Betrüger, wenn der Dichter Euripides ihm in seiner Tragödie diese Worte in den Mund legt und noch einen „Stoßseufzer" folgen läßt, der sich wie das zeitlos gültige Grundsatzprogramm des Weiberhasses anhört:

„Nicht mehr sollte sein der Fraun Geschlecht.
So träfe niemals Ungemach den Sterblichen."[23]

Medea wendet sich nach Athen, aber auch dort ist ihres Bleibens nicht lange, denn nun brechen alle Dämme der Selbstkontrolle in ihrer wilden Seele zusammen. Die Woge des Hasses ertränkt alle weicheren Regungen früherer Tage. Das gekränkte Titanenblut in ihren Adern schreit nach immer neuer Rache, will immer neue Opfer. Sie kann nicht mehr aufhören zu intrigieren, zu morden. Die Lust am Zerstören wird ihre neue Leidenschaft. Aus der „weißen" Hexe von einst ist eine bitterböse „schwarze" geworden.

Ruhelos irrt sie umher, haus- und heimatlos geworden, von allen gemieden, von niemand geliebt. Endlich aber, am Ende ihrer irdischen Tage, wird sie in die Unsterblichkeit entrückt. Denn jede Untat ihres Lebens, so befinden die Götter, hat sie mehr als gebüßt durch das rasende, verzehrende Leid ihrer Liebe, die zu groß war für das Herz eines sterblichen Mannes.

In der Geschichte Medeas begegnen wir einem Lebensgesetz wieder, das uns nun schon des öfteren beschäftigt hat: Wehe, wenn der Mann die Seelenenergie einer Frau mißachtet, wenn er wie Jason meint, sie einem abgetragenen Schuh gleich einfach ausmustern zu können! Dann wird die gute Fee, die hilfreiche Gefährtin, die „weiße Hexe" zur racheschnaubenden Tigerin, die Blut sehen will.

Medeas Liebe scheitert letztlich an Jasons Hang zur „Bürgerlichkeit". Er hat seine überspannte, anstrengende Gattin eines Tages satt, möchte auch einmal wie andere Männer leben, die eine normale – will sagen: unterwürfige – Frau zu Hause haben. Er hält die übersteigerte Emotionalität seiner Zauberfrau nicht mehr aus. Der gewöhnliche Sterbliche – und dazu gehört Jason trotz seiner Heldentaten – ist mit einer so verschwenderischen, überwältigenden Kraft, zu lieben und zu leiden, wie sie in diesem Frauenherzen brennt, überfordert. Selbst Herkules, dem Medea nach der Sage auf der Flucht begegnet und mit ihren magischen Künsten Heilung vom Wahnsinn bringt, ist ihrer inneren Glut nicht gewachsen und macht sich aus dem Staub. Manch tödlich endende Eifersuchtstragödie, wie sie fast täglich in den Zeitungen nachzulesen ist, ließe sich verhindern, wenn sich die Beteiligten bewußt wären, welch eine geballte Ladung Dynamit in einer Liebesbeziehung stecken kann.

Medea, gute und böse Hexe und in beiden Bereichen gleich maßlos, ist eine der großen tragischen Frauenfiguren des untergehenden Matriarchats. Die Liebe zu einem Mann reißt sie aus dem Reich der Mütter hinaus; sie folgt dem Gatten in die unbekannte Ferne, in seine Welt. Ihre Rache aber führt sie wieder in den Schoß der dunklen Urzeitmutter zurück. Sie gehört beiden Bewußtseinsstufen an und keiner ganz. Sie findet keinen gleichrangigen Partner, das ist die bitterste Zutat ihres an Bitterkeit reichen Lebens. Sie verschwendet ihre Seelenkraft an einen Menschen, der ihrer kompromißlosen inneren Größe nicht das Wasser reichen kann. Die einzige Frucht ihres Lebens, die beiden Söhne, zerstört sie in einem Anfall barbarischer Raserei selber. Was bleibt, ist ein Meer von Tränen, tödlicher Haß, Herzensnot – ein sinnlos gewordenes Leben.

> *„Du qualvolle Frauenliebe du,*
> *wie oft hast du schon der Welt Leid gebracht!"*

ruft der Chor in Euripides' Tragödie „Medea". Aber hüten wir uns, diesen Ausruf so zu verstehen, als läge alle Schuld bei ihr, der „bösen Hexe". Erst Jasons schmählicher Verrat, seine Karrieresucht – Glauke ist schließlich die Tochter des herrschenden Königs – bringt die unheilvolle Seelenlawine ins Rollen.

Viele Frauen haben im Lauf der Jahrtausende Anteil am Schicksal Medeas gehabt. Man hat ihre exzessive Liebesfähigkeit, die dem Mann in der Regel unheimlich, ja abstoßend vorkommt, abgewertet, man hat sie gebrandmarkt als Hemmungslosigkeit, Unvernunft, Würdelosigkeit, Unmäßigkeit, Unkeuschheit, als Mangel an Demut, satanische Höllenglut, heidnische Laszivität. Am Ende wurde die böse, widerwärtige Hexe daraus, die man sich mit allen Mitteln vom Halse zu schaffen bestrebt war.

Die entstellte Seelenfrau: Medusa

*„Sie war wegen ihrer Schönheit hochberühmt
und die Hoffnung vieler eifersüchtiger Freier.
Doch nichts an ihr war schöner als ihr Haar."*

Diese Beschreibung in Ovids „Metamorphosen"
gilt einem Wesen, das uns gemeinhin als eines der
unheimlichsten und abstoßendsten Scheusale der
griechischen Mythologie bekannt ist: der Gorgone
Medusa, dem weiblichen Ungeheuer mit dem bösen
Blick. Wie wir den überschwenglichen Worten des
Dichters entnehmen können, ist sie das nicht
immer gewesen.

Während ihre zwei älteren Schwestern die Unsterblichkeit besaßen, war sie, Medusa, dem Gesetz
des Todes unterworfen. Ihre Schönheit, dunkel und
geheimnisvoll wie das Glitzern des Mondes im
nächtlichen Meer, ist ihr Vorzug und Unglück
zugleich. Nimmt es wunder, daß selbst der mächtige
Poseidon, nächst Zeus der bedeutendste der Olympier, auf Medusas Anmut aufmerksam wurde? Manche sagen, er habe sich ihr mit Gewalt genähert,
andere meinen, es sei doch beiderseits Liebe gewesen − wie dem auch sei: Poseidon und Medusa
verbringen eine Liebesnacht in einem Tempel, der
der Pallas Athene geweiht ist. Athene, die Liebes-
paare sowieso nicht ausstehen kann und ewig Jung-

frau bleibt, überrascht die beiden in trauter Inti-
mität. Die keusche Halle entweiht! Die Stätte des
Geistes geschändet durch einen ganz gewöhnlichen
Paarungsvorgang! Die Göttin schäumt vor Wut und
kocht eine furchtbare Rache aus. Poseidon ist eine
Nummer zu groß für sie, dem kann sie nichts anha-
ben; so trifft denn die ganze Wucht ihres Unwillens
die arme, sterbliche Medusa, die sich nicht zur Wehr
setzen kann. Athene verwandelt sie in ein schauerli-
ches Alptraummonster, auf dem gewiß nie wieder
eines Mannes Auge mit Wohlgefallen ruhen wird:
glühende Riesenaugen in einem breiten Gesicht,
Zähne wie die Hauer eines Wildschweins und eine
weit aus dem Rachen hängende Zunge. Statt der
Hände wünscht Athene ihr bronzene Klauen an die
Arme, und wo einst die herrlichen, von Dichtern
besungenen Locken sich ringelten, tun dies nun die
glitschigen Leiber züngelnder Schlangen. Nur die
goldenen Flügel erinnern von fern an die Anmut
vergangener Tage.

Weit im Westen, jenseits des Ozeans, am Rande
der Welt, liegt ein Land, in welchem nie die Sonne
scheint. Immer verhüllen Wolken und Nebel das
Blau des Himmels. In diesem Zwischenreich von Tag
und Traum, Erde und Unterwelt wohnt von nun an
Medusa mit ihren beiden Schwestern. Wer verwegen
genug ist, diesen abgelegensten aller Erdenwinkel zu
betreten, begegnet an Wegen und Zäunen, inmitten
von Wiesen und Feldern einer merkwürdigen Gesellschaft stummer Gestalten; sie haben Medusa ins
Antlitz geschaut, ein Anblick, der das Blut erstarren
läßt und lebendiges Fleisch in toten Stein verwandelt.

Athene hat sich gründlich gerächt – wofür? Für

einen moralischen Fehltritt? Die Entweihung ihres jungfräulichen Tempels? Oder etwa – hinter der vorgehaltenen Hand sei's gefragt – dafür, daß sie nicht fähig war zu empfinden, was die Liebenden in ihrer Umarmung empfunden hatten?

Menschenjahre und Götterjahre verstrichen. Das Bewußtsein ihrer abgrundtiefen Häßlichkeit, vor der sie selber Ekel empfand, machte die Verfluchte nun erst zur „Medusa", was ja eigentlich die „Hinterhältige" heißt. Ihr Herz wurde bitter und rachsüchtig, ein Spiegelbild ihres entstellten Körpers. Was anfänglich eine Qual war, wurde mit der Zeit zum perversen Vergnügen: Unvorsichtige, die ihr zu nahe kamen, mit einem Blick zugrunde zu richten. Medusa wurde zur Landplage für Mensch und Vieh, die sich ihrer nicht erwehren konnten, wenn sie auf ihren goldenen Flügeln im Land umherstreifte und Unheil, Not und Schrecken verbreitete.

Bis sich eines Tages Perseus, der Held, von Pallas Athene angestachelt, auf den Weg macht, um das Ungeheuer zu töten. Mittels eines Tricks, den ihm die Göttin empfohlen hatte, kann er Medusa das Haupt abschlagen, ohne sie dabei ansehen zu müssen. Im Tode noch wird Medusa Mutter. Pegasus, das geflügelte Musenpferd, und Chrysaor, der Held mit dem goldenen Dolch, entschlüpfen dem entseelten Leib. Medusa hatte die beiden einst in jener verhängnisvollen Liebesnacht von Poseidon empfangen; durch ihren Tod werden sie nun zum Leben befreit.

Athenes Rachsucht aber ist immer noch nicht gesättigt. Man sagt, sie habe Medusa nach der Enthauptung die Haut abgezogen und ihr Blut aufgefangen. Zwei Gläser davon soll sie dem göttlichen Arzt

Asklepios gegeben haben. Mit dem Blut aus der linken, der Herzensseite, konnte man selbst Verstorbene ins Leben zurückholen; das Blut der rechten Seite, wo sich die finsteren Gedanken ihrer Leidenszeit gesammelt hatten, war ein tödlich wirkendes Gift.

Es gibt eine sehr alte Tradition, nach der Pallas Athene und die Gorgone Medusa ursprünglich in einer Person vereinigt gewesen waren. Erst als Athene zur olympischen Hauptgöttin wurde, erhielt sie gewissermaßen eine neue, passendere Identität. Sie wurde zur Tochter des Zeus, die in voller Rüstung dem Haupt des Götterfürsten entsteigt – „Kopf" ist in der Tat das Markenzeichen der kühlen Göttin –, während die dämonische Dunkelseite als „Medusa" von ihr abgespalten wird; sie ist in der neuen Umgebung nicht mehr standesgemäß.

Was könnte diese „Schizophrenie" der Göttin für unser Thema bedeuten? Pallas Athene, die für die vernunftbetonte, in die Männergesellschaft integrierte Frau steht, hat logischerweise für ihre erdhafte, chthonische Weiblichkeit keine Verwendung mehr. Sie verdrängt ihre „Medusa", die zum Schatten wird, wie C. G. Jung jene Seelenanteile nennt, die von ihrem Besitzer weder geliebt noch gelebt werden können. Zwar bleibt Pallas auch nach diesem „Läuterungsprozeß" von aufbrausendem Temperament und neigt – ein Erbteil ihrer ursprünglichen Existenz – neben aller intellektuellen Kühle bisweilen zu großer Grausamkeit; aber diese Charakterzüge erhalten im patriarchalischen Umfeld nunmehr eine ganz neue Qualität. Aus weiblicher Unbeherrschtheit wird fanatischer Gerechtigkeitssinn. Nicht aus dem Leib der Frau, sondern aus dem

Kopf des Mannes geboren, wird Pallas Athene zum Vollzugsorgan der neuen Männermoral, mit der sie sich identifiziert. Ihre Medusenkräfte aber, ihre „Hexe" spaltet sie von sich ab, verwandelt sie zu einem Ungeheuer und gibt sie dem Untergang preis; eine Kopffrau wie sie hat dafür keine Verwendung mehr.

Auch heute, wo soviel von Emanzipation und Feminismus gesprochen wird, ist die Gefahr immer noch groß, daß sich die Frau ins Schlepptau männlicher Ideale nehmen läßt. Viele von uns verhalten sich aus einer Art Selbsterhaltungstrieb heraus wie die kühle Zeustochter mit dem gepanzerten Herzen: sachlich, nüchtern, intellektuell, vernunftbetont und möglichst „emotionslos". Die weibliche Art zu leben, sich mit Leidenschaft und Hingabe in eine Aufgabe, ein Gefühl zu stürzen, wird von vielen Frauen selber als zweitrangig, als „unpassend", als „primitiv" empfunden. Dabei verbirgt sich in dieser rücksichtslosen Glut, die nicht nach Konsequenzen schielt und nicht nach morgen fragt, die Stärke, das Genie, die hexenhafte Urkraft der weiblichen Seele.

Vergessen wir unsere Medusa nicht! Sie wartet darauf, aus dem unwirtlichen psychischen Niemandsland, wohin wir sie abgeschoben haben, erlöst zu werden. Wir sollten – im Unterschied zur männlich empfundenen Mythe – den Fluch rückgängig machen und unsere „Hexe" ins Leben integrieren. „Kopf ab" ist keine glückliche Lösung; sie erlöst die Frau ja nicht aus dem schmachvollen Zustand, in den sie durch falsche – von ihr mitgetragene! – Leitbilder gelangt ist.

Wir müßten darangehen, Medusa ihre „hochberühmte Schönheit" zurückzuerobern. Die Gorgonenfratze ist nur ein Teil ihres Wesens, ihre schwarze, destruktive Seite. Die andere Medusa ist das Wesen mit den goldenen Flügeln, die Mutter des Musenpferdes Pegasus, die Frau, deren Herzblut alle Krankheiten heilt. *Sie* müssen wir wiederfinden.

Die Hure Babylon: Ischtar

Die Welt ist „Lila", ein Spiel, sagt eine alte indische Weisheit. Alles ist flüchtig und vergänglich, eine Laune, mit leichter Götterhand in den Augenblick geschrieben. Alles endet schon, indem es beginnt, fügt sich im kosmischen Tanz von Materie und Geist zusammen und löst sich wieder: der Mensch, die Erde, das Universum. Lila, das Spiel von Werden und Vergehen, das Wissen, daß man nichts festhalten kann, nicht Liebe, nicht Schönheit, nicht das Blühen der Bäume und keinen einzigen Herzschlag: man könnte es das Glaubensbekenntnis der weiblichen Seele nennen. Vieles, was Frauen zuweilen launenhaft, die großen Göttinnen der Frühzeit hart und grausam erscheinen läßt, ist im Grunde nichts anderes als das bereitwillige Mitschwingen der weiblichen Psyche in diesem Grundrhythmus, diesem immerwährenden spielerischen Aus- und Einatmen des Kosmos.

Für den Mann stellt sich das Leben, so betrachtet, als eine höchst unzuverlässige Sache dar, ein Pingpongfeld, auf dem wir die Bälle sind. Er ist der natürliche Widersacher dieser „chaotischen" Weltenschau. Er braucht beherrschbare Ordnung, Gesetzmäßigkeit, kalkulierbare Zusammenhänge, logische Berechenbarkeit. Er will *wissen*, wo die Frau einfach *ist*, will konkrete Antworten auf konkrete

Fragen. Seinem Bedürfnis nach Klarheit und Präzision ist die immer im Zwischenbereich des Ungefähren, des fließenden, sich ständig verändernden Lebensstroms verbleibende, „lila" eingefärbte Wesensart der Frau ein Ärgernis. Er muß seinen eigenen Weg gehen. Um seiner Selbstfindung willen muß er sich aus dem faszinierenden, aber festhaltenden Sog der Frau, die für ihn zur verderblichen „Hexe" wird, lösen.

Immer wieder begegnen wir dieser großen existentiellen Auseinandersetzung zwischen Mann und Weib, den beiden natürlichen Gegenpolen allen Seins. Wir haben gesehen, wie die Frau im Lauf der Zeit ihre Macht an den Mann verliert, der die durchschlagenderen Argumente hat: körperliche Überlegenheit, kühlen Intellekt, philosophischen „Durchblick".

Die Geschichte von Ischtar und Gilgamesch führt an den Beginn dieser Entwicklung zurück, in die Zeit, da der Mann gerade versucht, sich aus der übermächtigen Umarmung der Frau zu befreien. Das vor annähernd fünftausend Jahren entstandene Epos ist die großartige dichterische Darstellung dieser Ablösungsproblematik des „selbst-bewußt" werdenden Mannes. Lassen wir die Tontafeln der altassyrischen Bibliothek von Ninive zu Wort kommen:

Gilgamesch, Herrscher von Uruk, ist der schönste der sterblichen Männer. Wohlgefällig ruhen die Augen der mächtigen Liebesgöttin Ischtar auf seiner Gestalt. Leicht entflammbar ist sie, wenn ihr ein Mann gefällt, und so spricht sie zu ihm:

„Komm, Gilgamesch, sei mein Geliebter!
Schenke mir deinen Samen,

ach, schenke ihn mir!
Du sei mein Mann, ich sei dein Weib!
Anschirren laß ich den Wagen,
aus Lapislazuli und Gold ist der Wagen.
Als Gespann sollst du täglich haben
die stärksten und schönsten Pferde.
Bist du in meinem erhabenen Haus,
küssen dir alle Fürsten und Könige die Füße;
in den Staub sinken die Großen der Erde.
Von den Bergen und in der Ebene sollen sie dir,
was dein Herz begehrt, zum Tribute bringen.
Die Ziegen sollen dir Drillinge werfen,
die Schafe Zwillinge!
Mit Schätzen beladen sollen Maultiere
zu dir kommen.
Herrlich vor allen soll
dein Streitwagenroß
dahinstürmen, dein prangender Hengst
soll nicht seinesgleichen haben!" [24]

Was kann sich ein Sterblicher noch mehr erträu-
men! Die Fülle der Welt legt ihm die Liebesgöttin zu
Füßen; er braucht nur zuzugreifen. Welch eine Kar-
riere für Gilgamesch! Tausendfache Belohnung verspricht ihm Ischtar, wenn er ihren Liebeshunger
stillt.

Aber drückt sich nicht eben in diesem Beste-
chungsversuch der mannstollen Göttin eine Art
Herablassung aus? Spricht so eine Frau zu einem
Mann, den sie wirklich ernst nimmt? Ist das nicht
vielmehr die Sprache der Herrin, die den Knecht gut
zu entlohnen verspricht? Die meint, nur mit dem
Finger schnippen zu müssen, wenn es sie nach der
Liebe eines Mannes gelüstet? Würde so nicht viel-

leicht auch eine Mutter handeln, die ihrem wider-
spenstigen Kind etwas dadurch schmackhaft zu
machen versucht, daß sie ihm ein Stück Konfekt
unter die Nase hält?

Gilgamesch mißtraut den süßen Sirenengesängen
der Göttin. Er hat keine Lust, auf ihr Rollenangebot
einzusteigen. Weder will er entlohnter Sklave sein
noch braver Sohn, noch eine Drohne, deren einziger
Lebenszweck die Begattung der Bienenkönigin ist.
Er fliegt nicht auf den Honig der göttlichen Worte; zu
oft hat er erfahren, wie solche Eskapaden Ischtars
zu Ende gingen.

> *Er „tat seinen Mund auf*
> *und sprach zur mächtigen Ischtar:*
> *Woran fehlt es dir? Was soll ich dir geben?*
> *Hast du kein Brot oder keine Nahrung?*
> *Götterspeise und Göttertrank?*
> *Trügerisch ist das Gewand, das dich einhüllt.*
> *Bei deiner Tücke will ich dich packen.*
> *Heiß ist dein Werben, aber im Herzen ist Kälte:*
> *ein schimmerndes Haus,*
> *das die Starken erschlägt –*
> *ein Pech, das den Fackelträger verzehrt –*
> *ein Kalkstein, der die Stadtmauern zermürbt.*
> *Wo ist ein Geliebter,*
> *den du beständig lieben wirst?*
> *Wo ist dein Hirte, dem du immer geneigt bist?*
> *Deine Schandtaten alle*
> *sollst du zu hören bekommen.*
> *Abrechnung will ich dir halten.“*

All das, was Gilgamesch hier der Liebesgöttin an
den Kopf wirft, klingt wie ein Katalog der Eigen-

schaften, die den Mann an der Frau ängstigen und die später unter dem Wort „Hexe" in einer Person zusammengefaßt werden. Es ist eine männlich sachliche Abrechnung mit dem unfaßbaren Wesen Weib, das dem Mann bald liebevoll schenkend, bald spielerisch zerstörend nahe kommt. Da ist nichts, auf das er sich ein für allemal verlassen könnte; alles auf Sand gebaut. Und so beginnt Gilgamesch denn, der Göttin ihre verflossenen Liebeshändel aufzuzählen. Alle Affären haben ein gemeinsames Ende: das Verderben des einst so heiß umworbenen Gefährten. „Meine Liebe begehrst du nun und willst mich wie jene behandeln", schließt er seine Strafpredigt. Nein, er will nicht Ischtars Pingpongball sein und nicht die Speise, mit der sie ihren Liebeshunger sättigen kann! Er ist zum „Widerstrebenden" geworden, wie Erich Neumann dieses Stadium männlicher Selbstfindung nennt.

Ischtar, zunächst sprachlos über soviel männliche Unbotmäßigkeit, gerät in unbändigen Zorn. Was untersteht sich dieser Menschenmann, sein klein bißchen Leben an ihrer gewaltigen Göttlichkeit messen zu wollen! Sie steigt zum Himmel auf und bittet Anu, den Vater, um den Himmelsstier, der den Frevler, der sich ihren Wünschen zu widersetzen wagt, niederstoßen soll. Anu warnt sie: Ob ihr bewußt sei, daß der Stier, einmal losgelassen, alles zertreten werde, Grün und Kräuter und das Getreide auf den Feldern? Daß Hunger über die Menschen kommen werde? Ischtar winkt ab: Es seien genug Vorräte in den Kornspeichern. Im übrigen brennt sie viel zu sehr darauf, den aufmüpfigen Gilgamesch in die Knie zu zwingen, als daß ihr viel am Wohl und Wehe der übrigen Menschheit läge.

Wenn Anu nicht tut, wie sie will, dann, droht sie, wird sie die ganze kosmische Ordnung zerstören. Sie wird die Pforten der Unterwelt zerschmettern, und die abgeschiedenen Seelen werden heraufsteigen und die Erde überschwemmen. „Tote sollen dann mehr sein als Lebendige!"

So schickt denn der Himmelsgott, von den gewalttätigen „Argumenten" seiner aufgebrachten Tochter bezwungen, den Stier vom Götterberg herab ins Land der Menschen. Das Untier zerstampft und zertrampelt alles, was ihm unter die Hufe kommt. Panik und Entsetzen bricht unter den Menschen aus. Gilgamesch aber und sein Freund Enkidu, sie ziehen dem Himmelsstier entgegen, besiegen und töten ihn. Uruk ist im Freudentaumel und feiert die beiden Helden, als wären sie Götter.

Ischtar ist fassungslos; so viel männliche Aufsässigkeit hat sie noch nicht erlebt. Was ist mit diesen Männern los? Brauchen sie ihren Schutz, ihren Segen nicht mehr? Wollen sie hinfort ohne die weichen Arme der Tempeldienerinnen und Palastfrauen leben? Nur noch der Jagd und dem Kampf sich ergeben? Selbst ihre Rache machen die beiden widerborstigen Geschöpfe zunichte! Sie springt auf die Mauern Uruks und schreit einen Fluch in die Stadt hinunter:

„Weh dir, Gilgamesch,
dreimal Weh, Tod und Verderben,
daß du wieder an mir gefrevelt hast!"

Diesmal ist es Gilgameschs Freund Enkidu, der sich mit der göttlichen Furie anlegt. Er reißt dem getöteten Stier eine Keule aus und wirft sie ihr zu.

„Könnte ich dich nur fassen",
schreit er zu ihr hinauf,
„wie ihm, dem Stier, täte ich an dir,
und mit seinen Gedärmen
würde ich dich behängen!"

Das ist offener Aufruhr, nicht mehr die Sprache eines devoten Untergebenen! Hier macht sich der Ingrimm des Mannes Luft, der gegen die Macht der Göttin, der Frau nicht ankommt. Noch nicht. Noch hat er seine überlegene Vernunft nicht entdeckt, seine Fähigkeit zur Abstraktion – Kräfte, die ihn dazu befähigen werden, sich „die Erde untertan zu machen".

Noch regiert Ischtar, die erboste, gekränkte Frau, die im Zorn zur rasenden Hexe wird. Enkidu trifft ihr Fluch zuerst. Er erkrankt an einem heimtückischen Fieber und stirbt binnen weniger Tage. Der Tod des Freundes erschüttert Gilgamesch zutiefst.

„Werde nicht auch ich sein wie Enkidu,
wenn ich sterbe?" klagt er.
„Weh kam in mein Herz,
Furcht vor dem Tod kam über mich.
Der Freund, den ich liebe,
ist zur Erde geworden."

Gilgamesch muß erfahren, daß all sein Aufbegehren ihn nicht davor bewahren wird, am Ende seiner Tage in die auflösende Umarmung der großen Mutter Erde zurückzukehren; ihr Schoß ist mächtiger als Mannesmut und Heldentum.

Ischtars Fluch hat den wundesten Punkt in Gilgameschs Seele getroffen: Sein Selbstwertgefühl als freier Mann ist dahin. Nie mehr wird sein Leben sein wie vor Enkidus Tod. Er, der einst so unerschrok-kene, geht jedem wilden Tier, jedem Gegner, jedem Ungewitter aus dem Weg, weil seine Furcht ihn plötzlich die Erkenntnis lehrt, wie kostbar und zer-brechlich dieses kurze Leben ist. Sein ganzes restli-ches Dasein wird ein Ringen mit dem Tod, ein Wettlauf gegen die Zeit werden, und doch muß auch er sich letztlich dem Gesetz der Sterblichkeit beugen.

Noch geht also das Götterweib der matriarchalen Frühzeit als Siegerin aus diesem ungleichen Duell hervor. Gilgameschs Rebellion fehlt es an Durch-schlagskraft, der versuchte Aufstand endet in Todes-angst und Melancholie. Er bleibt Vasall im Bannkreis der übermächtigen Hexenfrau. Sie triumphiert – diesmal und noch viele Male. Aber Gilgameschs Aufbegehren ist wie ein erstes Wetterleuchten am Horizont der Zeit. Der Gott Abrahams und Isaaks, der große Vater des Alten und Neuen Bundes, der mit steinernen Gesetzestafeln sein Volk in den Gehorsam zwingt, er steigt mit Urgewalt aus der männlichen Tiefenseele empor. Die „Erscheinung des Herrn" bedeutet zugleich das Ende der weibli-chen Hegemonie. Ischtar verliert ihre Macht an Jahwe. Aus der kosmischen Götterfrau, die zu umarmen und zu lieben Gottesdienst war, wird die unzüchtige Tempelbuhlerin, die „Hure Babylon".

Es scheint, wir stehen heute wieder an einer ähnlich großen Zeitenwende. Der Anspruch des Mannes, Führer und Lenker dieser Welt zu sein, hat sich überlebt. Was nun? Rückkehr zu uralten Ver-haltensmustern wie zu Ischtars Zeiten? Eine neue Drehung des Weltenrades mit allen Ungleichgewichten wie gehabt? Das ist kein guter Weg. Neue Formen menschlichen Zusammenlebens müssen erschlossen werden, jenseits aller abgenutzten Schablonen der Vergangenheit. Kein Sieger, keine Besiegten mehr! Adam muß lernen, daß er nicht länger Vormund, Eva nicht länger Mündel ist, das beaufsichtigt werden muß.

Bevor diese schöne Vision eine Lebenschance hat, muß die Frau lernen, wieder zu sich selber zu finden, ihre Eigenart zu entdecken, die man ihr genommen hat und zu der auch einige Unzen „Ischtar" gehören. Sie, die in Liebesdingen so unverblümt und direkt ihre Bedürfnisse äußert, ist das genaue Gegenteil zu jenem demütigen Restchen passiver Weiblichkeit, das uns die männliche Moral belassen hat. Eine Frau, die sich zur rechten Zeit, am rechten Ort ihrer „Ischtar" entsinnt, wird gewiß nicht in Gefahr kommen, zur unscheinbaren Hausmaus zu verblassen, gleichsam das Echo männlicher Wünsche zu sein, aus denen sie erfährt, was sie zu tun, zu denken, ja selbst zu fühlen hat.

Verschleierte Urkraft:
die ägyptische Isis

„Göttin!
Heilige ewige Erhalterin des Menschen-
geschlechts!
Die du nicht aufhörst,
Schutz den schwachen Sterblichen zu verleihen;
die du dem Elenden die milde Zärtlichkeit
einer Mutter angedeihen lässest!
Kein Tag, keine Nacht,
kein geringer Augenblick schwindet leer
an deinen Wohltaten dahin.
Zu Wasser und zu Lande beschirmst du
die Menschen,
entfernst von ihnen jegliche Lebensgefahr
und reichst ihnen deine hilfreiche Rechte,
mit welcher du das verworrene Gewebe
des Schicksals auseinanderwirrst.
Dich verehren die Ober- und Untergötter.
Du wirbelst die Erde im Kreis herum,
entzündest das Licht der Sonne,
regierst die Welt
und hältst den Tartarus untertan.
Dir antworten die Gestirne,
jauchzen die Götter,
wechseln die Jahreszeiten
und dienen die Elemente.
Auf deinen Wink wehen die Lüfte,

füllen sich die Wolken,
keimt das Gesäme und sprießt das Gras.
Deine Majestät scheuen die Vögel
unterm Himmel,
die wilden Tiere auf den Bergen,
die Schlangen in den Klüften
und die Ungeheuer im Meer.
So laß dir denn wohlgefallen,
was demütiglich meine fromme Armut
dir anlobt!
Ewig soll dein göttliches Antlitz,
ewig dein benedeiter Name hochverehrt
im innersten Heiligtum meines Herzens leben!"[25]

Dieses Hohelied auf die Göttin Isis stammt aus dem antiken Roman „Der goldene Esel", der die verschlüsselte Schilderung einer Einweihung in ihre Mysterien zum Inhalt hat.

Im Grunde ist jedes Bild, das man sich von ihr macht, jede Stimme, die man ihr leiht, nur ein schwacher Abglanz ihrer wirklichen Wesenheit, die sich menschlichem Begreifen entzieht. Im Tempel zu Sais, so berichtet der griechische Schriftsteller Plutarch, stand deshalb inmitten einer Rotunde eine riesige Statue der Göttin, bedeckt von einem ebenfalls aus Stein gemeißelten Schleier; sie trug eine Tafel mit der Inschrift:

„Ich bin, was da war,
was ist und was sein wird;
meinen Schleier hat noch kein Sterblicher
gehoben."[26]

„In saecula saeculorum", von Ewigkeit zu Ewigkeit, währt Gottes Macht, heißt es in der katholischen Meßliturgie. Die Göttin, die war, die ist, die sein wird, ist die weibliche Entsprechung des christlichen Vatergottes, der andere Lebenspol, dessen gleichrangige Mächtigkeit wir nach etlichen tausend Jahren Patriarchat aus den Augen verloren haben.

Im Alltagsleben eines Ägypters um die Zeitenwende spielte die Großgöttin in allen Bereichen des Daseins eine überragende Rolle. Sie wurde als Helferin und Heilerin verehrt. Ihre Zauberformeln schützten vornehmlich bei Schlangen- und Skorpionbissen. Daneben begleitete sie die Verstorbenen als guter Geist auf ihrem Weg durch die schauerlichen Gründe des „Duat", den höllischen Teil der Unterwelt, und war zusammen mit ihrem Gemahl Osiris Herrscherin in der „Amenti", einem Jenseitsreich der Glückseligkeit. Gleichzeitig regierte Isis die Welt der Lebenden, und selbst der Sonnengott Ré verlor seine kosmische Kraft an sie.

Der Name „Isis" bedeutet ursprünglich „Thron". Auch der Pharao erhält Macht und Göttlichkeit erst dadurch, daß er auf dem Thron, dem „Schoß der Isis", Platz nimmt. Dadurch wird er zum lebenden Horus-Sohn der Göttin. Wir sehen schon: Ohne sie, die „Beherrscherin der Elemente, Höchste der Gottheiten, Erste der Himmlischen"[27] funktioniert nichts im Lande Ägypten.

Und diese Fülle der Macht, diese Entscheidungsgewalt in irdischen und kosmischen Belangen – in den Händen eines Weibes? Was andernorts viel männliches Kopfschütteln verursachen würde, ist für ägyptische Verhältnisse so ungewöhnlich nicht. Zwar herrschen auch hier die Männer – der Pharao, die mächtigen Priesterschaften von Ober- und Unterägypten –, aber sie verdanken ihre Gewalt und ihr Wissen letztlich den Frauen. Ein Mann muß die Tochter der Königin heiraten, um Pharao zu werden. Die Priester schöpfen Weisheit, Wissen und Macht aus geheimen Traditionen, die weit in mütterliche Urzeit zurückreichen. Isis ist die magisch-mächtige Gegenwart vergangener Mütterzeiten. Ihr „Glück" ist es, in diesem uralten Kulturland am Nil beheimatet zu sein, wo die Seele des Menschen noch viel mehr im weiblich Bildhaften zu Hause ist als in der klaren Geistsonne männlich systematischen Denkens. Selbst die Kultkrone der Isis spricht diese Sprache: Sie zeigt die Mondsichel, die die Sonnenscheibe umschließt; die weibliche Mondfrau ist also die „Enthaltende", der männliche Sonnengeist der „Enthaltene", wie C. G. Jung dieses Kräfteverhältnis nennt. Eine Kultur, in der sogar das Leben nach dem Tod körperlich verstanden wird, ist dem weiblichen Erdenschoß der Allmutter Natur inniger verhaftet als dem männlich solaren Prinzip, wo Begriffe wie Materie, Erde, Körper immer einen zweiten Rang einnehmen.

Isis, ihr Gemahl Osiris und beider Sohn Horus verkörpern den Kreislauf des Jahres und das immerfort rollende Rad der Zeit. Die entsprechende Legende gewährt zugleich einen tiefen Blick in die Seele des alten Ägyptens: Osiris und seine Gemahlin Isis, die auch seine Schwester ist, beherrschen das Land der Menschen in Weisheit und Güte. Sie lehren die Erdenbewohner, den Boden zu bestellen, und bringen Schönheit und Kultur in ihr Leben. Seth aber, der eifersüchtige, „dunkle" Bruder des Osiris, sinnt darauf, wie er die beiden verderben kann, denn er möchte selber die Herrschaft an sich reißen. Er lädt Osiris zu einem Gastmahl ein, und es

gelingt ihm, den Nichtsahnenden bei dieser Gele-
genheit zu betäuben. Osiris wird in eine hölzerne
Lade gelegt und mit dieser in den Fluß geworfen.
Der Sarg geht aber nicht unter; er schwimmt einem
Nachen gleich auf den Wassern dahin, eine lange
Zeit, und wird endlich bei Byblos in Phönikien ans
Ufer gespült, wo er von einem Tamariskenstrauch
umwachsen wird. Isis, die getreue Gemahlin, sucht
indessen ihren verschwundenen Gemahl überall auf
dem Erdenkreis, bis sie ihn endlich im Schutze
jener Tamariske entdeckt und nach Ägypten zu-
rückbringt.

Seth aber ruht nicht. Abermals bemächtigt er sich
des Leichnams; diesmal zerstückelt er ihn in vier-
zehn Teile und zerstreut diese über das ganze Land.
Und wieder macht Isis sich auf den Weg, scheut
keine Mühe, bis sie alle Teile zusammengesammelt
hat. Nur der Phallus, Symbol des Lebens und der
Fruchtbarkeit, bleibt unauffindbar. Mit Hilfe anderer
Gottheiten macht sie aus dem zerrissenen Leich-
nam des Osiris die erste Mumie. Osiris aber, der die
Zeugungskraft verloren hat, will (und kann) nicht
mehr im Reich der Menschen herrschen. Er zieht
sich in das Land der Glückseligkeit zurück und
übergibt seine irdische Macht dem Horus, den Isis
kurz nach seinem Tod zur Welt gebracht hat.

Osiris verkörpert das wachsende, reifende und
absterbende Jahr, das mit dem Sohn Horus aufs
neue zum Leben erwacht; so wird der große Kreislauf von Leben, Sterben und Wiedergeburt vollen-
det. „Ich lebe, ich sterbe, ich bin die Gerste, ich
vergehe nicht", lautet ein alter ägyptischer Toten-
spruch. Isis aber ist die weibliche Naturkraft, die
dieses immerwährende Wunder der Auferstehung

bewirkt. Alle Fruchtbarkeit, alles Leben würde enden, wenn sie die abgestorbenen Teile des Jahres nicht – ähnlich wie die zerstückelte Leiche des Gemahls – wieder sammeln und zu neuem Leben erwecken würde. Sie ist das Wesen, das „die Welt im Innersten zusammenhält". Jeder Tag, der wie Osiris – der Gott der untergehenden Sonne – stirbt, wird am nächsten Morgen mit Horus – dem Gott des Sonnenaufgangs – wiedergeboren. Isis aber ist die treibende Kraft, sie hält das Uhrwerk des Lebens in Bewegung.

Welch eine machtvolle Sicht der Frau, der weiblichen Lebensenergie, die uns hier in Gestalt der ägyptischen Isis entgegentritt! Nichts von Passivität und bloßem Erleiden des Daseins, wie es der Frau im patriarchalen Umfeld als höchste Tugend zugestanden wird! Isis ist nicht nur ein Echo männlicher Gedanken, nicht nur das Gefäß, in dem sich die Kraft des Mannes sammelt – sie ist selber der lebendige Quell, der die leergelaufenen Behältnisse des Lebens mit fruchtbarem Wasser füllt. Hier ist sie nicht nur biblische Gehilfin ihres Adams, nicht einmal nur Jungsche „Femme inspiratrice", kein auf den Mann zugeordnetes Anhängsel ohne Eigenleben; hier ist sie die in sich ruhende, machtvolle, ebenbürtige Partnerin des männlichen Schöpfergeistes; kein Lückenbüßer, sondern die notwendige andere Hälfte der göttlichen Vollkommenheit.

Isis, „Erste der Himmlischen": Ihre Gestalt wirkt auf die weibliche Psyche von heute wie eine unerhörte Aufforderung, ihren angestammten Platz im Weltengefüge ganz und unbeschnitten wieder einzunehmen. Wir Frauen sind keine Violinsaiten, die erst vom männlichen Bogen gestrichen werden müssen, damit sie zu klingen beginnen. Wir tragen – das ist so lange vergessen worden – unsere sehr weiblich geartete, eigene Musik im Herzen. Es scheint, wir sollten auf die Suche nach unserer „Isis" gehen; sie verkörpert den positiven, schöpferischen Aspekt jener mächtigen weiblichen Seelenenergie, die der Mann mit dem Bannwort „Hexe" belegt hat, um ihr den hohen Rang zu nehmen, den sie einst besessen hat.

Isis lebt in der altägyptischen Volksseele aber keineswegs nur als die erhabene weibliche Urmacht, die sich hinter Schleiern verbirgt, weil wir ihren Anblick nicht ertragen würden. Sie ist auch über die Maßen schlau, listig und trickreich; ihre Diplomatie ist von durchaus weiblichem Zuschnitt. Wie geschickt fängt sie es beispielsweise an, den Sonnengott Ré um seine Vormachtstellung zu bringen! Die alten Sagen erzählen es so: Isis wurde mit den Jahrtausenden immer mächtiger. Nichts, was auf und unter der Erde geschah, blieb ihrem Seherauge verborgen. Nur ein Rätsel konnte sie nicht ergründen: das war der geheime Name des Gottes Ré. In diesem Namen war seine Macht beschlossen, und so hatte der Gott allen Grund, ihn ängstlich zu hüten.

Isis entwarf nun einen höchst verschlagenen Plan, wie sie doch noch hinter Rés Geheimnis kommen könne. Ré war ein alternder Gott; sein Mund wollte sich nicht mehr schließen, und ständig lief ein dünner Speichelfaden daraus hervor. Diesen Speichel sammelte die Göttin und vermengte ihn mit Erde zu einer Schlange, die sie so auf den Weg legte, daß Ré auf seinem täglichen Weg darauf treten mußte. So geschah es denn auch. Der Schmerz des Schlangenbisses war fürchterlich. „Der göttliche Gott öffnete seinen Mund, und die Stimme seiner Majestät drang bis zum Himmel"[28], heißt es in einem alten Text.

Auf Rés Wehgeschrei eilten alle Götter herbei, um zu beratschlagen, wie man ihm helfen könne. Auch Isis nahm an dieser Vollversammlung teil. Sie fragte den Gott ganz „unschuldig", was ihm denn fehle. Eine Schlange habe ihn gebissen? Nun, sie würde ihm ja gern helfen, aber ihre Zaubersprüche wirkten nur, wenn sie den geheimen Namen ihres Patienten wisse. Ré sträubte sich lange; endlich aber wurden die Schmerzen so unerträglich, daß alle Bedenken hinweggespült wurden. Er flüsterte ihr das magische Wort ins Ohr. Isis hielt zwar, was sie versprochen hatte, und erlöste Ré von seinen Qualen, aber nun war sie mächtiger geworden, als dieser je gewesen war. Ré erholte sich nie mehr von dieser Niederlage und zog sich schmollend aufs Altenteil zurück.

Während sich also überall sonst das Patriarchat mit Macht durchzusetzen begann, beschrieb der Lebensstrom im Lande Ägypten noch einmal einen Mäanderbogen zurück zu den Müttern. Isis, die Frau, gewann an Einfluß und Ansehen – Ré, der solare Geist-Gott, wurde geschwächt. Dieser Vorgang ist gleichsam das retardierende Moment in dem großen Weltendrama zwischen den Geschlechtern, das der Mann schließlich zu seinen Gunsten entscheidet.

Der Kult der Isis war um die Zeit von Christi Geburt über den ganzen Mittelmeerraum verbreitet. Rom wehrte sich lange gegen die exotische Göttin. Die etwas säuerliche, altväterliche römische Tugendhaftigkeit, die „prisca virtus Romana", sträubte sich gegen die „unmoralischen" Praktiken, die man den Anhängern der göttlichen Hexe nachsagte. Erst

Kaiser Caracalla, der sich sogar in ihre Mysterien einweihen ließ, errichtete 217 n. Chr. einen Isistempel in der Ewigen Stadt. Vorher standen schon berühmte Heiligtümer der Göttin in Pompeji und Benevent.

Im Jahr 560 n. Chr. wurde der letzte Isistempel auf der oberägyptischen Insel Philä durch den christlichen „Saubermann", Kaiser Justinian, geschlossen. Von nun an gab es nur noch einen Gott und Herrn, und der war von durch und durch männlicher Wesensart.

Isis aber hat erfolgreich allen „Bekehrungsversuchen" widerstanden. Weder die logische Klarheit des Hellenismus noch das junge, schnell erstarkende Christentum konnten sie entmündigen oder „bessern". Ihr ist das Schicksal einer Artemis, einer Hekate erspart geblieben. Alle Mütterweisheit, alle magische Kraft, das Bedürfnis des Menschen nach orgiastischer Ergriffenheit sammelten sich in ihr, der großen Zauberin, noch einmal, bevor der Wind der neuen Zeit, wo zunächst einmal andere Werte wichtiger wurden, sie in die Weite des Kosmos zurückblies, aus der sie einmal in grauer Vorzeit gekommen war. Besiegt zwar, blieb sie dennoch unversehrt.

Vielleicht wartet sie im Verein mit manch anderer Göttin, der man den Laufpaß gab, da draußen hinter den Sternen auf die Stunde ihrer Wiederkunft? Mir scheint, dieser Welt könnte eine Isis als Gegengewicht gegen „Gottvater, Sohn und Co.", wie es die feministische Schriftstellerin Mary Daly etwas respektlos formulierte, nur guttun.

Kornmutter
Freudenmädchen
Totenfrau

Wenn die Abendnebel aus der feuchten Kühle der Wiesen steigen und die frühe Nacht ihr mystisches Netz von Dämmer und Schatten zwischen die Bäume des Waldes webt, dann ist im alten Germanien Hexen- und Geisterstunde. Odin der Wanderer geht in seinem spinnwebfarbenen Mantel durch das ungefähre, trübe Licht, und in den heiligen Hainen erwacht die magische Stunde, wo Diesseits und Jenseits einander berühren.

In dieser Welt der rauhen Winde und der langen Nächte – „unwirtlich" nannte sie der römische Schriftsteller Tacitus – treffen wir auf Nerthus, die geheimnisvollste der hier beheimateten Göttinnen. Nerthus hatte ihren Hauptwohnsitz auf einer Insel „im Ozean"; manche meinen, es sei das heutige Seeland gewesen. Dort, in der Abgeschiedenheit ihres Heiligtums, pflegte die Göttin zu ruhen und die Kräfte des Blühens und Reifens zu sammeln, die die Menschen von ihr erbaten.

Plötzlich über Nacht, wenn die kosmische Mond- und Sternenuhr die rechte Stunde zeigte, befiel sie die Reiselust. Die Priester holten ihren Kultwagen hervor, schmückten ihn und schirrten die eigens zu diesem Zweck gehaltenen Tempelkühe an. Dann nahm die Göttin, vor neugierigen Menschenaugen wohlverhüllt, im Innern Platz, und es begann die

Fahrt durch Germaniens Gaue. Während ihres Verweilens unter den Menschen mußten alle Waffen schweigen; die Göttin duldete in ihrer Nähe keinen Kriegslärm. Nerthus liebte das friedliche Reifen der Frucht, sie wollte freudig gestimmte, lachende Gesichter um sich sehen, wollte Lieder hören und das rhythmische Stampfen tanzender Menschenfüße. Wo ihr Wagen auftauchte, wurden Opfermahlzeiten und Trinkgelage zu ihren Ehren abgehalten. Es waren heilige Tage für das ganze Land. Von ihnen hing viel ab: Erntesegen, Friede und Gesundheit am häuslichen Herd.

Nach einiger Zeit merkten die Priester, daß die hohe Frau des Umherziehens müde wurde. Sie lenkten das Gefährt ins Heiligtum zurück, wo nun jener Teil des Rituals folgte, der die segenspendende in die furchtbare Mutter verwandelte. Nachdem Wagen und Geschirr im Meer gewaschen worden waren, nahm die Göttin selber ein Bad, das ihre verausgabten Segenskräfte regenerieren sollte. Die männlichen Sklaven, die sie dabei bedienten, wurden gleich anschließend getötet, „vom Meer verschlungen", denn kein gewöhnlicher Sterblicher, der die Göttin erblickt hatte, durfte am Leben bleiben.

Leider wissen wir von Nerthus nur das Wenige, das durch die „Germania" des Tacitus, eine Beschreibung der „barbarischen" Regionen nördlich der Alpen, auf uns gekommen ist. So ist sie eine Gestalt ohne Gesicht und Stimme geblieben. Kein Lied erzählt uns etwas von ihren Taten, niemand weiß, wer ihre Eltern waren. Sie hat keinen Lebenslauf wie die übrigen Götter, bleibt unnahbar, verborgen hinter einem magischen Bannkreis, den zu durchbrechen das Leben kostet.

Die spärlichen Details, die uns der römische Schriftsteller mitteilt, zeigen uns indes die geheimnisvolle Götterfrau in der charakteristischen gut-bösen Doppelrolle, die wir schon bei ihren südlichen Schwestern kennengelernt haben. Ihr Abscheu vor Unfrieden, Streit und Krieg, ihre Hinneigung zu Tanz, Gesang und zu den Freuden der Tafel machen sie zur schenkenden, guten Mutter, hindern sie aber nicht, sich jählings in einen männermordenden Dämon zu verwandeln. Sie ist so anbetungswürdig wie abstoßend, sie schenkt das Korn und nimmt das Leben, gleicht mancher Märchenhexe späterer Zeit. Und wer weiß: Vielleicht lebt Nerthus, die undurchschaubare, in mancher Sage, manch wundersamer Mär, die sich das Volk von den segnenden und strafenden weisen Frauen erzählt, am Ende doch noch fort.

Manche sagen, die Göttin habe im Lauf der Zeit eine geschlechtliche Umwandlung durchgemacht; ursprünglich sei sie mit dem Gott Njörd identisch gewesen. Vielleicht wollte man damit aber auch andeuten, wie wenig männlich doch dieser Njörd wirkt. Kein Wunder, er gehört dem Göttergeschlecht der Wanen an, das sehr viel älter und sehr viel lebensweiser ist als die Asen-Sippe um Odin und seine Gemahlin Frigg. Die Wanen reichen, geschichtlich gesprochen, in die Zeit des Matriarchats zurück, wo in der Tat andere Tugenden gefragt waren als harscher Kampfesmut und kriegerische Gefolgstreue. Sie sind friedliebend, dem „weiblichen" Wohlleben ergebener als männlichem Schwertgerassel. Sie liegen lieber auf schwellenden Polstern als in einem schmutzigen Schützengraben. Liebesliedern leihen sie williger das Ohr als grölenden Kampfgesängen. Sie schenken Reichtum, Eintracht, vielfache Frucht der Felder, gesunde Kinder. Sie sind keine Prinzipienreiter; wenn irgend möglich, schlichten sie Streitigkeiten mittels Verhandlung und Vertrag. Möchte man sich nicht ein gerüttelt Maß vom Geist dieser sympathisch humanen Göttergesellschaft für den politischen und sozialen Umgangston unserer Tage wünschen?

Die berühmteste Frau dieses alten Geschlechts ist Freya, Njörds Tochter, eine schillernde, unberechenbare, lebenslustige Götterdame, keinem Mann vermählt, weil sie allen Männern zugetan ist; eine verführerische Hexe, ein göttliches Freudenmädchen im unverfälschten Sinn des Wortes. Freya schenkt Liebe und Lebenskraft. Sie ist von so großer Schönheit, daß sie mehr als einmal zum Zankapfel wider Willen wird. Odin selber ist ihr – sehr zum Mißbehagen seiner Gattin Frigg – durchaus nicht nur väterlich zugetan. Freya ist ungemein launenhaft, die femininste der Göttinnen Walhalls. Sie hat zwar einen schlechten Ruf – Loki, das Schandmaul, nennt sie in aller Öffentlichkeit eine Hexe und zeiht sie des Umgangs mit dem eigenen Bruder –, aber man weiß ja, wie so etwas auf Männer wirkt: Odin und seine Mannen finden sie um so begehrenswerter.

In späterer Zeit, wahrscheinlich schon unterm Einfluß des Christentums, arriviert Freya sogar zur Königin des Hexensabbats. Sie ist in der Tat eine große Zauberin, der man mit gebührendem Respekt begegnen sollte, auch wenn sie äußerlich weich und anschmiegsam erscheint. Ihre Macht über die Seelen kann so zwingend sein, daß selbst Riesen von der Größe eines Bergs den Kopf einziehen, wenn sie ihnen die Leviten liest. Die Asen haben ihr manche magische Fertigkeit zu danken, denn sie ist eine Meisterin im Gebrauch der „Seidkunst", wie man bei den Germanen die Magie nannte. Wenn sie verreist, bedient sie sich ihres Federmantels, mit dem sie schnell wie ein Pfeil durch die Luft jagen kann, oder aber sie benutzt einen kostbaren Reisewagen, der von Katzen, dem Lieblingstier aller Hexen, gezogen wird.

Wie unbekümmert – patriarchalisch gesprochen: gewissenlos – die schöne Wanin ihre weiblichen Mittel einsetzt, wenn sie etwas erreichen will, erfahren wir aus der Geschichte, wie sie zu ihrem Lieblingsschmuck Brisingamen kam.

Eines Tages geht Freya auf den Klippen am Meer spazieren. Dabei begegnet sie einer Schar von Zwergen, die ihre anmutige Gestalt wie hypnotisiert anstarren und gar kein Ende finden, ihr mit tausend Bücklingen ihre Reverenz zu erweisen. Freya, die sich durch die zwar täppische, aber aus ehrlichem Herzen kommende Höflichkeit der kleinen Wichte geschmeichelt fühlt, bittet ihre Verehrer, ihr doch einen Wunsch zu erfüllen: So oft schon habe sie von ihren unterirdischen Schätzen gehört – ob sie wohl einmal einen Blick darauf werfen dürfe? Bereitwillig kommen die Zwerge ihrer Bitte nach und führen den schönen Gast in eine ihrer Schatzkammern. Freya müßte keine Frau sein, wenn ihr nicht bei all dem Geschmeide, das in funkelnden Haufen vor ihr aufgeschichtet ist, die Augen übergingen. Die Zwerge, von Komplimenten aus Göttermund nicht eben verwöhnt, lassen sich durch die Begeisterung Freyas zu einer Unvorsich-

tigkeit hinreißen; sie schleppen die größte Kostbarkeit, die sie besitzen, herbei: den Halsschmuck
Brisingamen. Fasziniert starrt Freya auf die schimmernde Pracht, das kunstreich gedehnte und gebo-
gene Goldfiligran, die wie Tautropfen aus getriebe-
nen Blütenkelchen funkelnden Steine. Sie vergißt
alle göttliche Würde und bittet die Zwerge instän-
dig, ihr den Schmuck zu schenken. Die kratzen
sich erst einmal verlegen hinter den Ohren; ihr
Geiz ist schließlich sprichwörtlich. Außerdem verleihen die ängstlich gehorteten Schätze ihnen, den
unscheinbaren Nachtalfen, die den Bauch der Erde
bewohnen müssen, einen Nimbus von Ansehen und
Glanz. Andererseits: Da steht diese süße Götterfrau
und blickt sie beschwörend an. Was tun? Die Beratung währt lange, aber endlich einigen sie sich auf
den Vorschlag, den ihr Anführer mit Stocken und
Stottern vorbringt: Vier Zwerge hätten an dem
Geschmeide gearbeitet; wenn sie, Freya, mit jedem
von ihnen eine Nacht verbringe, gehöre der
Schmuck ihr.

Freya tut zwar, als wäre sie über diesen unziem-
lichen Antrag schockiert; insgeheim aber ist sie
gerührt bei dem Gedanken, wieviel sich die kleinen
Geizhälse ein Schäferstündchen mit ihr kosten lassen. Außerdem würde sie, ehrlich gesagt, beinahe
jeden Preis zahlen, um das herrliche Halsband
behalten zu können. Und so wechselt denn nach
vier Nächten Brisingamen, Kleinod aller Klein-
odien, den Besitzer. Freiwillig wird sich Freya nie
wieder davon trennen, nicht einmal nachts.

Die Geschichte hat ein Nachspiel: Loki, der ewige
Zwischenträger, kann es nicht lassen, dem Götter-
vater ins Ohr zu flüstern, welche Bewandtnis es

mit dem neuen Schmuck der Göttin habe. Odin wirft Freya darauf sittliche Verderbtheit und mangelnden Sinn für göttliches Benehmen vor; im Grunde aber nagt der Neid an seinem Herzen, weil er selber gern von der schönen „Tochter" gehabt hätte, was diese den Zwergen so bereitwillig gewährt hatte. Odin stiftet Loki sogar dazu an, für ihn den Schmuck zu stehlen, damit er Freya damit erpressen und das gleiche Ansinnen an sie stellen kann, das er bei den Alfen so unmoralisch fand.

Wir sehen schon: Selbst der oberste Götterfürst verliert den Verstand, wenn es um die schöne, skrupellose Wanin geht. Er steht darin seinem olympischen Götterkollegen im fernen Hellas um nichts nach. Wenn der Mann vom magnetischen Zauber des Ewigweiblichen ergriffen, aus dem inneren Gleichgewicht gebracht wird – eine Macht, die er aus „Sicherheitsgründen" oftmals zur unmoralischen Hexe umfunktioniert –, gibt es für ihn keine Rettung, keine Grenzen.

Bisher haben wir Freya nur als attraktive, verlockende Lebedame kennengelernt. Auch in ihrer Seele fehlt es aber nicht an Grauzonen und Abgründen. Gerade sie, die Göttin der Liebe, wird im Krieg zur Anführerin der Walküren, legt Brünne und Federkleid an und schwingt sich mit Schild und Speer bewaffnet in die Lüfte, um jene Helden zu töten, die durch den Spruch der Schicksalsgöttinnen zum Untergang bestimmt sind. Nach getaner Blutarbeit wird aus dem erbarmungslosen Todesengel wie selbstverständlich wieder die freundlich lächelnde Mundschenkin, die den Helden, denen sie eben noch das Lebenslicht ausgeblasen hat, den Met der Unsterblichkeit kredenzt. Sie tötet so anmutig, wie sie liebt, diese ihrem schnurrenden Lieblingstier, der Katze, so sehr gleichende, unberechenbarste aller Göttinnen.

Die Walküren sind Odins „Wunschmädchen", geschaffen, um dem Gott in seinem blutigen Kriegshandwerk zu assistieren. Mit Helm, Harnisch und Speer bewehrt, sind sie die klassische Verkörperung des „Mannweibs". Was geschieht, wenn eine von ihnen aufbegehrt, frei entscheiden will, Herz und Gefühl über Pflicht und Gehorsam stellt, mußte Brünhilde erfahren, die es nicht über sich brachte, einen jungen Helden zu töten und einem viel älteren das Leben zu lassen. Auf ewig wurde sie aus der Schar der Schlachtenjungfrauen ausgestoßen. Sie verlor das Privileg der Unsterblichkeit, aber das war noch nicht alles: Der aufgebrachte Gott wies ihr zur Strafe das Schicksal zu, einem ungeliebten Gemahl anzugehören und mit dem toten Geliebten, der im Leben unerreichbar blieb, den Scheiterhaufen zu besteigen.

Viele der alten Sagas berichten von einer Begegnung zwischen Walküren und Menschen. Als furchtbare Leichendämoninnen erschienen sie zum Beispiel einem Mann, der am Vorabend eines großen Entscheidungskampfes zwischen Normannen und Iren über das künftige Schlachtfeld ritt. Er sah zwölf Frauen, die aus Menschengedärmen ein ungeheures Netz flochten, das sie, mit Menschenköpfen beschwert, über der Kampfstätte auswarfen.

Oft aber wurde aus einem Zusammentreffen zwischen Menschenmann und Göttermaid eine Liebesgeschichte, wenn auch zumeist ohne Happy-End. So berichtet das alte Wölundlied von Wölund und seinen beiden Brüdern, die auf dem Rückweg von der Jagd den drei Schwanenjungfrauen Alwit, Schwanweiß und Ölrune begegneten und in Liebe entbrannten. Heimlich entwendeten sie den Frauen die abgelegten Federkleider und zwangen diese dadurch, ihre Eheliebsten zu werden.

„So saßen sie
sieben Winter,
aber den achten
immer in Sehnsucht,
aber im neunten
schied sie die Not.“[29]

Nach neun Jahren wurde die Sehnsucht der gefangenen Schwanenfrauen übermächtig. Als ihre Männer einmal von daheim abwesend waren, schlüpften sie in ihre Federkleider, die ihnen ihre allzu selbstsicher gewordenen Ehemänner zurückgegeben hatten, und flogen jauchzend zu den Wolken auf, zurück in die himmlische Heimstatt.

Der Mann kann die Frau nicht für immer und ewig einsperren. Irgendwann, nach „neun Jahren“ – einer langen Zeit, wenn man in Ketten liegt – wird die Sehnsucht nach Freiraum und Selbstbestimmung größer werden als alle Ängste und Hemmungen, wird sich die unbotmäßige „Hexe“ zu Wort melden und den Käfig aufsprengen, in den sie männliche Eigensucht gesperrt hatte. Irgendwann wird sie es begreifen, daß jedem Menschen, ob Mann, ob Weib, das Recht zusteht, sein Schicksal selbst zu wählen. Wie anmaßend klingt es, wenn der Hohepriester Sarastro in Mozarts „Zauberflöte“ seine männlich arrogante „Weisheitslehre“ von sich gibt:

„Ein Mann muß eure Schritte leiten,
denn ohne ihn pflegt jedes Weib
aus ihrem Wirkungskreis zu schreiten."

Dabei ist es doch eine alte Grunderfahrung, daß nur, was in Freiheit gewährt wird, von Dauer ist. Nur was aus vollem Herzen geschenkt wird, kann den Beschenkten reich und glücklich machen. Erpreßtes Wohlverhalten hingegen ist gewiß keine Garantie für ein sinnvolles Zusammenleben. Irgendwann sind die beschnittenen Flügel nachgewachsen, und der „Seelenvogel", die „Anima" schwingt sich auf Nimmerwiedersehen in die Lüfte – ein Vorgang, wie er sich heute in vielen Frauen ereignet, die plötzlich, über ihre eigene Courage erstaunt, ein ganz neues, *ihr eigenes* Leben wagen.

Doch zurück in die germanische Vorzeit, hinunter zu den Wurzeln der Lebensesche Yggdrasil, wo die drei Nornen wohnen. Sie sind älter als Wanen und Asen, Riesen und Zwerge, repräsentieren den Hexenaspekt der weisen, alten Seherin. Die drei Schwestern weben die Fäden des Schicksals; ihrem Spruch ist selbst Odin unterworfen. Sie kennen die Geheimnisse, die waren, sind und sein werden. Urd, Werdandi und Skuld sind ihre Namen. Die Nornen teilen jedem Lebewesen, sei es erhaben wie ein Gott oder gering wie ein Regenwurm, das ihm seit Anbeginn der Zeiten bestimmte Schicksal zu. Nicht von ungefähr versehen Frauen diese Aufgabe. Ihre Weisheit ist die geduldig abwartende der Mutter Erde. Der Frau fällt es in der Regel leichter, sich in unvermeidliche Lebensumstände zu schicken. Eine natürliche Portion Fatalismus – der nichts mit depressivem Kopfhängen zu tun hat – sagt ihr zur rechten Zeit, wenn es keinen Sinn mehr hat, gegen eine Tatsache des Lebens anzurennen.

Manch nordische Saga berichtet vom Zusammentreffen der drei unerbittlichen Urweiber mit Göttern und Menschen. Diese Geschichten wirken oft wie die Erstausgabe zu einem unserer späteren Märchen; so auch die wundersame Mär vom Leben und Sterben des Nornengast: Als er zur Welt kam, freuten sich seine Eltern so sehr, daß sie alle Welt, Freunde, Verwandte, aber auch die drei Schicksalsfrauen, zu einem großen Fest einluden.

„Nacht war's im Hof,
Nornen kamen,
sie schufen das Schicksal,
sie schnürten mächtig
Schicksalsfäden,
goldnes Gespinst
spannten sie aus."[30]

So ist das Erscheinen der drei weisen Frauen im „Lied von Helgi" beschrieben. Skuld aber, die jüngste der drei Schwestern, die Norne der Zukunft, fühlte sich nicht genug beachtet, und so rief sie ärgerlich aus, das Kind solle nur so lange leben, bis die Kerze neben seiner Wiege heruntergebrannt sei. Sofort trat Werdandi hinzu, löschte diese und übergab sie der erschreckten Mutter mit dem Rat, sie wie ihren Augapfel zu hüten. Die Mutter tat nach dem Geheiß der Norne. Als sie auf dem Sterbebett lag, übergab sie die Kerze ihrem Sohn und klärte diesen darüber auf, was es damit für eine Bewandtnis habe. Nornengast war klug; er verwahrte die Kerze gut; er lebte und lebte. Als er schließlich dreihundert Jahre alt war, hatte er genug. Er legte sich auf sein Lager, zündete das Lebenslicht an, und mit verglimmendem Docht hauchte er seine Seele aus.

Hier begegnet uns also in ein und derselben Geschichte sowohl die wohlwollende „weiße" als auch die destruktive „schwarze" Wesensseite der Frau. Durch die „böse" Skuld wird erst einmal alles kompliziert, was einfach und erfreulich sein könnte. Aber bei genauerem Hinsehen entpuppt sich das Eingreifen der „Hexe" als unerhörter Glücksfall: Wer lebt schon gleich „dreihundert Jahre"!

Auf die Problematik Mann−Frau übertragen, könnte das heißen: Wenn der Mann die eigenwillige Frau zu zähmen versucht, beraubt er sich selber einer Chance, einer Möglichkeit, „mehr aus seinem Leben zu machen". Er hat kein Gegenüber, mit dem er sich auseinandersetzen, an dem er seelisch wachsen und reifen kann. Die Frau wird durch seine Dressurbemühungen zwar bequemer, aber gewiß nicht attraktiver. Was hat sie der physischen Überlegenheit des Mannes entgegenzusetzen? Das letzte Aufgebot der hilflosen Seele: Tränen. Keine Chance, in der Gesellschaft, der Familie, der Ehe ernst genommen zu werden!

Die dritte, die „böse" Norne, die Hexe, ist für die Bewältigung des Lebens ebenso nötig wie die beiden „guten" Schwestern. Skuld ist gewissermaßen das Treibmittel, das den Lebensteig durchsäuert und aus einer faden Mehlmasse schmackhaftes Brot werden läßt. Ist es also letzten Endes für den Mann nicht sinnvoller, sich die „Hexe" zur Freundin zu machen und mit ihr ein rundes, ganzes Leben zu führen?

Ins tödliche Eis des hohen Nordens, nach Niflheim, der germanischen Unterwelt, soll uns die Reise endlich noch führen. Hel ist hier die Herrscherin. Da sie die Schwester von Midgardschlange und Fenriswolf, den beiden gefährlichsten Ungeheuern des germanischen Glaubens, ist, braucht es nicht zu wundern, daß ihr Anblick panischen Schrecken verbreiten kann. Riesig von Gestalt, ist Hel halb schwarz und halb weiß – ein Motiv, das in den späteren Märchen häufig wiederkehrt –, und so ist auch ihre Wirkung auf die Menschenseele eine zweigeteilte: Wer „schwarz sieht", ist dem Tod verfallen; wem sie ihre helle Seite zuwendet, der kann auf Rettung hoffen, ja auf ein bescheidenes Glück, denn Hel ist nicht nur Herrscherin über die Schatten, sie beschützt auch die Äcker der Menschen.

In ihrem Palast, der das düstere Abbild des goldenen Walhall ist, finden die Seelen der Abgeschiedenen ein friedliches, wenn auch von nie weichender Wehmut überschattetes Dasein. Für alle, die an den Folgen des Alters, an Krankheit, Entkräftung oder Meuchelmord geendet sind, ist sie die gute Totenmutter. Auch Baldur, der durch Lokis Heimtücke ermordete lichte Göttersohn, verbringt hier die Zeit, bis er nach Muspillibrand und dem Untergang Odins in eine neue, bessere Welt zurückkehren wird.

Aber in Hels Reich gibt es auch Orte der Strafe, Qual und Pein, die der christlichen Hölle in nichts nachstehen: Ströme, in denen statt Wasser Schlangen fließen, die an den Leichen von Verwandtenmördern und Meineidigen fressen. Nidhögg, der Drache, nagt an den Leibern verstorbener Übeltäter, die sich immer wieder erneuern, so daß die Qual kein Ende findet. Todbringend und segenspendend, ist Hel, Mutter und Quälgeist der Toten, ein weiteres

Abbild der gut-bösen Erdhaftigkeit der Frau, ihrer „Hexenkraft".

Quintessenz einer Beschäftigung mit der Seelenwelt der alten Germanen ist die überraschende Einsicht, daß in diesem ganz und gar auf männliches Wesen zugeschnittenen Walhall, wo Aggression, Prahlerei und Streitlust zu den Tugenden gerechnet werden, das männliche Element doch nicht so allein tonangebend ist, wie es auf den ersten Blick erscheint. Die „Hexe" spielt in dieser reichlich rauhbauzigen Gesellschaft ihre Trümpfe geschickt aus. Nicht immer – auch das entdeckten wir auf unserem Streifzug – hat „Weiblichkeit" etwas mit dem Geschlecht zu tun. Männer können mitunter wie Frauen denken und handeln; die alten Wanengötter sind ein Beweis dafür; sie sind durchaus „ganze Männer" und schaffen dies erstaunlicherweise ohne Kommißstiefel und Kasernenhofstimme.

Vielleicht sollten die Männer heute wieder mutiger werden und sich zu ihren Gefühlen bekennen, Intuition und Ahnungsvermögen so ernst nehmen wie die Gesetze der Mathematik und Kybernetik. Ich glaube, hier ist manches Pflänzchen schon im Wachsen, und es liegt nun auch an uns Frauen, diese im Manne aufkeimende neue Seelensaat behutsam und mit Einfühlungsvermögen, durch die „weise Frau" in uns, zu hegen und zu pflegen, damit sie erstarken kann, widerstandsfähig wird gegen den immer noch übermächtigen Druck abgestandener Männerideale von gestern und vorgestern.

Avalon, Insel des Lebens und Verderbens

Nirgendwo im Europa der Frühzeit wurde mit so viel Pathos und Inbrunst gekämpft, gelitten und gestorben wie bei den Kelten Britanniens und Irlands. Wenn man ihren Liedern und Mythen lauscht, ersteht eine Welt von ungemein „männlichem" Zuschnitt vor unseren Augen. Und dennoch läuft, gewissermaßen als kontrapunktisches Geschehen, unter der Oberfläche eine ganz andere Grundmelodie mit, einmal gefühlhaft zart, einmal vulkanisch eruptiv, immer aber in durchaus weiblicher Tonart. Wohl und Wehe gerade der gewaltigsten Kämpen lagen oftmals in physisch zarten, aber magisch machtvollen Frauenhänden. Himmlisch gut oder höllisch böse, immer aber von außerordentlicher Klugheit sind sie, diese Feen und Hexen, diese zauberkundigen Königinnen und Fürstentöchter, die uns in den alten Epen als Partnerinnen und Gegenspielerinnen der streitbaren Ritter begegnen.

Wie bestimmend die Stellung der Frau in alten Keltentagen gewesen sein muß, kann man daran erkennen, daß die Heldengeschlechter jener Zeit meist nach den Müttern benannt wurden. Eines der berühmtesten Beispiele dafür ist das geheimnisumwitterte Feenvolk der Tuatha Dé Dannan, das „Volk der Göttin Danu", einer alten Fruchtbarkeitsgöttin. Lange vor den ersten Menschen sollen sie das heutige Irland bewohnt haben. Auch Merlin, der größte Zauberer Britanniens, war intensiv mit dieser weiblich-magischen Welt verbunden; wenn er auch ein Mann war, entstammten seine Künste doch geheiligtem Druidenwissen, das aus der Zeit der Mütter und Allgöttinnen herübergerettet worden war.

Heute wie vor tausend Jahren sind die Hügel Irlands, die Hochmoore Schottlands ein Tummelplatz für Naturwesen aller Art, die auf vielfache Weise in das Leben der Menschen eingreifen. Jeder Nachfahre der alten Kelten weiß sich bis auf den heutigen Tag von unsichtbaren, aber wirksamen Energien einer anderen Welt umgeben. Nicht nur abergläubische alte Mütterchen bekreuzigen sich, wenn sie von der „ban shee" sprechen, einer dunklen Feenfrau, deren Erscheinen den Tod ankündigt. Über kahle Heidekrauthügel geistert die Hexe Cailleac Bheur, eine frostklirrende Unholdin, die mit ihrem Zauberstab bei Winterbeginn alles Leben tötet. Und immer noch träumt die keltische Seele von den geheimnisvollen Gestaden Avalons, der Insel der Äpfel und der Feen, wo immer Blumen blühen, das Laub an den Bäumen nicht welkt und ein einziger Tag ein ganzes Menschenjahr aufwiegt. Herrscherin in diesem Reich ist die schöne, undurchschaubare Fee Morgane. Sie ist eine rätselhafte, zwiespältige Erscheinung, einmal ausgesucht boshaft und niederträchtig, dann wieder überraschend liebevoll, von bestrickendem Liebreiz, eine große Kräuterhexe und Heilerin mit der Gabe des zweiten Gesichts. Morgane hat eine Schwäche für menschliche Männer und verfolgt sie mit besitzergreifender Leidenschaft. Wenn ihr ein Mann gefällt, verzaubert sie die Welt um ihn: Harte Steine werden zu weichem Rasen, rauhe Winde zur sanften Brise, zerklüftete Felsen verwandeln sich in prächtige Burgen, gischtende Brandungswogen glätten sich zu harmlos spiegelnden Gewässern. Ein Mann, der sich in ihren Netzen verfängt, verliert seinen klaren Verstand. Er wird in den Augen der Welt zum „Versager", dem sich die harten Tatsachen des Lebens in Truggebilde und Wunschträume auflösen. Dieses Problem der „Realitätsflucht" liegt manch seelischer Erkrankung zugrunde.

Ihrem Halbbruder Artus war Morgane in schwesterlicher Liebe ergeben. Manchen Ritter seines Gefolges pflegte sie mit ihren Zaubermixturen gesund. Einem war sie mit besonderer Leidenschaft zugetan: Lancelot, dem tapfersten und liebenswürdigsten der berühmten Tafelrunde. Obwohl sie wußte, daß seine unglückliche Liebe der Königin Guinevere gehörte, versuchte sie es immer wieder, ihn in ihre Zauberarme zu ziehen. Einmal soll sie ihn sogar in ein unterirdisches Verlies ihrer Burg entrückt haben. Nur wenn er ihr Geliebter werde, schwor sie, werde er das Licht des Tages wiedersehen. Lancelot aber blieb seiner Liebe treu; er wurde schließlich von einer Gehilfin Morganes aus seiner mißlichen Lage befreit.

Wenn man über gefährliche Zauberinnen spricht, darf man die zweite Halbschwester des Königs Artus nicht vergessen: Morgause mit dem bitterbösen Herzen. Sie war mit dem König von Orkney vermählt, eine Verbindung, die sie aus kühler Berechnung eingegangen war. Ihr Gatte war ein machtvoller Streiter, und sie brauchte den Hintergrund von Macht, der ihr Sicherheit und Spielraum für ihre dunklen Künste bot. Rücksichtslos bog sie anderer

Menschen Leben nach ihren Launen und Vorstellungen zurecht, zerstörte Freundschaften, verwandelte Zuneigung in Abneigung. Sie tötete Menschen so kaltblütig, als wären es Fliegen. Meisterhaft spielte sie auf der Klaviatur der Intrige. Morgause hatte von ihrer Mutter Igraine her Feenblut in den Adern, aber es war ein schlimmer, verderblicher Strom, der in ihr kreiste. Ihren eigenen Halbbruder Artus zog sie durch zauberische Machenschaften in ihr Bett und empfing von ihm einen Sohn, Mordred, der später das ganze britannische Reich ins Verderben stürzen sollte.

Längst ist diese berückende, gefährliche Welt der guten und der bösen Feen, die den Menschen vergangener Zeiten noch sehr nahegestanden hatten, unseren Blicken entschwunden. Unsere abgekühlten, „verständig" gewordenen Sinne nehmen die Signale aus jenen anderen Räumen nur mehr wie einen unendlich fernen Nachhall wahr. Avalon, Insel weiblicher Zauberkräfte, ist im Meer männlich-nüchterner „Objektivität" untergegangen. Morgane ist gleichsam in den seelischen Untergrund abgewandert; dort wirkt sie noch immer.

Schon die alten Kelten wußten, wie problematisch die Begegnung des Mannes mit dieser elbischen Sphäre sein kann. Viele Heldenepen handeln davon, wie sich fahrende Ritter früherer Zeiten verirrten und unversehens in eine Dimension zwischen Wachen und Träumen gerieten, der sie mit Haut und Haar verfielen. Nie wieder würde ihr Leben so werden, wie es vor diesem Ereignis gewesen war. Mancher Mann kehrte von seiner Fahrt in die Jenseitswelt als ein Fremdgewordener zurück, als einer, der sich nicht mehr zurechtfand auf unserer Erde der zehntausend Dinge. Zu groß ist der betörende Charme dieser „anderen Wirklichkeit", in der sich alle Spannungen lösen, alle Aufgaben und Anforderungen des Lebens wie im Nebel verschwinden; sie ist für den Mann noch viel irritierender und gefährlicher als für eine Frau, die ja ein Stück von dieser Feenwelt als angeborenes Erbgut in sich trägt.

Die Volksseele weiß: Manche Begegnung eines „zu männlichen" Helden mit einer „zu weiblichen" Fee muß unausweichlich in Tod und Verderben enden. Die Iren kennen die „fairy mistress", ein gefährliches Naturwesen, das sich einen bösen Spaß daraus macht, junge Männer zu umgarnen, um sie dann einer unstillbaren Sehnsucht preiszugeben, die gleich einem Krebsgeschwür die Seele zerfrißt. Manche elbische „Femme fatale" soll über ihre verderbliche Wirkung selber unglücklich sein.

Einmal, so weiß eine alte, schöne und sehr traurige Geschichte zu berichten, befand sich ein junger Ritter an einem warmen Frühsommertag auf dem Weg zum Heerlager des Königs. Es war in der schönsten Zeit des Jahres; der Waldmeister schickte seine Duftschwaden aus den Wäldern, die Vögel sangen Hochzeitslieder, und der Himmel wölbte sich vergißmeinnichtblau übers Land. Es war um die Mittagszeit – eine gefährliche Stunde, welche die Tür in andere Wirklichkeiten öffnen kann. Plötzlich gewahrte der Ritter unter einem blühenden Holunderstrauch eine anmutige Frauengestalt, die ihn aus rätselhaften Augen ansah. Er konnte nicht anders, streckte die Hand nach ihr aus und zog sie zu sich aufs Pferd. Wie im Traum vergingen die nächsten Stunden. Langsam ritt er mit seiner holden Begleiterin über kleeduftende Wiesen, durch den grüngoldenen Schatten der Wälder, wo der Kuckuck rief. Gegen Abend befiel ihn eine unbezwingliche Müdigkeit. Er stieg vom Pferd, hob die Frau herunter und küßte sie. Voll Verwunderung bemerkte er, daß ihre Augen in Tränen schwammen. Sie lagerten sich an einem Waldrand, und der junge Mann schlief ein.

Als er erwachte, war er allein. Hatte er vielleicht alles nur geträumt? Aber noch strömte ein leiser Duft von Jasmin und Lavendel aus seinem Mantel, an den sich die schöne Unbekannte gelehnt hatte. Benommen kletterte er auf sein Pferd; jetzt erst bemerkte er, daß er jede Orientierung verloren hatte. Die Erinnerung an die geheimnisvolle Frau lähmte alle Tatkraft in ihm, sie ließ ihn nicht wieder los. Er vergaß, wozu er eigentlich ausgezogen war, streifte ziellos im Land umher. Hinter jedem Busch meinte er das schimmernde Haar seiner verlorenen Seelenfrau, seiner „Anima", zu sehen, aber es war nur Trug, nur Täuschung, ein Spiel von Licht und Schatten. Bald sah er aus wie ein Gespenst, bis ihn eines Morgens ein Bauer tot in einer Ackerfurche fand: ein neues Opfer der berüchtigten bösen Fee mit den traurigen Augen.

Ein Märchen aus vergangener Zeit? „Nur" ein Produkt der Phantasie? Heinrich Heine weiß eine Antwort darauf:

„Es ist eine alte Geschichte,
Doch bleibt sie immer neu;
Und wem sie just passieret,
Dem bricht das Herz entzwei."[31]

Selbst Merlin, dem unübertroffenen Meistermagier, soll ein ähnliches Schicksal widerfahren sein.

Als Bart und Haupthaar schon im Schnee des Alters glänzten, verliebte er sich in eine Fee namens Niniane. Obgleich an Jahren älter als er, erschien sie dem greisen Zauberer wie der Inbegriff von Schönheit, Fülle und Sommer, denn Feen altern nicht. Niniane war so klug, wie sie schön war, und sie lernte unter Anleitung ihres betagten Geliebten viel von dessen geheimem Wissen. Schließlich aber wollte sie ihn nicht mehr mit der Welt teilen, sie wollte ihn ganz für sich behalten. Und so soll sie ihn, als er eines Abends eingeschlummert war, in einen tiefen, zeitlosen Zauberschlaf versenkt haben, aus dem er bis zum heutigen Tag nicht wieder erwacht ist. Immer noch ruht er irgendwo in einem Weißdorngebüsch, in das ihn der magische Spruch Ninianes eingeschlossen hat. Tiefe Träume binden seine Seele. Eines fernen Tages wird er daraus erwachen, heißt es, um Britannien vor dem Untergang zu retten. Selbst ihn also, den vielwissenden, kundigen Magier, hat der unwiderstehliche Zauber eines Weibes bezwungen.

Manche Feen treten aber auch als Wohltäterinnen, als Helferinnen und Wegweiserinnen ins Leben der Menschen. Sie benutzen ihre übersinnlichen Kräfte, um Glück und Segen zu spenden. Eine Geschichte aus Schottland erzählt davon.

Vor langer Zeit soll ein junger Mann einmal die Liebe einer schönen, zauberkundigen Frau verschmäht haben. Diese rächte sich grausam für die Zurückweisung: Sie verwandelte den Widerstrebenden in einen Drachen. Scheu und niedergeschlagen kauerte das schuppige Untier in einer Höhle, und nur manchmal des Nachts, wenn es vor fremden Augen sicher war, kroch es aus seinem Schlupfwinkel hervor. Dann aber kam die Nacht zum 1. November, eine heilige Nacht, in der das sagenhafte Feenvolk der „seelie court" aus seinem unterirdischen Hügelreich heraufsteigt und die Felder der Bauern segnet. Der Drachenjüngling sah die glänzenden Gestalten im Mondlicht vorbeiziehen und seufzte tief. Eine der Damen – es war die Königin des Feenvolks – lenkte ihr Pferd beiseite, stieg ab und kam zu ihm herüber. Sie sah die Not in seinen Augen, legte den verunstalteten Tierkopf in ihren Schoß, streichelte und liebkoste ihn. Es verging eine lange Zeit. Die Feenkönigin begann zu singen, eine wundersame Melodie. Als der Mond schon unterging und der Horizont sich erhellte, platzte mit einemmal die Schuppenhaut wie eine Schmetterlingspuppe auf, und heraus schälte sich der entzauberte Jüngling. Wie gern hätte er seiner Retterin gedankt, aber bevor er den Mund noch öffnen konnte, löste sich ihre Gestalt im Morgendunst auf und trieb wie Nebelschleier über die Äcker hin.

Ein Mann, dem das Glück widerfährt, die Macht der Frau so zart und einfühlsam und zugleich so erlösend an sich selber zu erleben, wird für den Rest seiner Tage wohl anders über „Hexenkraft" denken.

Eine andere aus der Fülle alter Keltensagen berichtet vom Stammesfürsten Teigue, der auf der Suche nach seiner entführten Gattin ins Reich der Cliodna Fair Hair gelangte. Von ihr, deren Haar so hell wie ihre Seele war, erhielt er drei Geschenke, die sein Leben veränderten: es waren drei Vögel, die ihm den Weg zu seiner Frau wiesen, ein smaragdener Kelch, der ihn vor allen Gefahren beschützte, und schließlich die Weissagung, wie und wann es mit ihm zu Ende gehen würde, zusammen mit dem

Versprechen, in dieser Stunde bei ihm zu sein, aus seinem Sterben das letzte Glück des Lebens zu machen.

Alle diese Begebenheiten, von Generation zu Generation weitererzählt, sind märchenhaft und dennoch in einem tieferen Sinn „wahr". Viele Menschen von heute erfahren allerdings diesen Bereich jenseits von Vernunft und Erklärbarkeit als Bedrohung, stellt er doch unsere schön geordnete, überschaubare Sachwelt, die nach dem Prinzip von Ursache und Wirkung funktioniert, in Frage. „Träume sind Schäume", sagt der sogenannte Realist abfällig, wenn er ausdrücken will, daß eine Sache „weder Hand noch Fuß hat", „keinen Sinn ergibt", ein „Hirngespinst" ist. Und er tut damit der weiblichen Kollektivseele das gleiche an, was jeder einzelnen Frau durch die Jahrhunderte von männlicher Uneinsichtigkeit geschehen ist.

Es gibt allerdings Leute, Männer und Frauen – und ihre Zahl steigt –, die sich aufmachen, um „Avalon", die Welt der weiblichen Seele, der guten und bösen Feenkräfte in sich selber wiederzuentdecken. „Selbsterfahrung" ist der entsprechende Fachausdruck. Dieser Weg ist schwierig und sollte nicht ohne einen erfahrenen Führer beschritten werden. Es könnte sonst geschehen, daß der Suchende auf dieser Reise in die Welt der inneren Bilder den Boden unter den Füßen verliert, zum „Traumtänzer" wird, der den Regenbogen mit einer Brücke über den Abgrund verwechselt. Mancher, der sich allein oder mit einem unkundigen (Ver-)Führer ins Reich der Mütter aufmacht, gleitet in LSD und Haschisch ab, wird süchtig nach der betörenden Traumwelt Morganes, gerät unter Umständen in

gefährliche psychische Krisen. Nach etlichen tausend Jahren Patriarchat haben wir das unbefangene
Verhältnis zu unseren eigenen Seelenbildern verloren. Deshalb brauchen wir einen Lotsen, der uns
durch die Untiefen in uns selber geleitet. Neben
vielen anderen Möglichkeiten kann die Tiefenpsychologie C. G. Jungs, die die Sprache unserer inneren Bilder wieder zu entziffern sucht, ein solcher
Wegweiser sein.

Wenn wir uns zu sehr in der mystischen Welt
unserer Innenräume verlieren, können wir seelischen Schaden nehmen. Jeder Mensch, ob Mann, ob
Frau, braucht beide Bereiche, „Avalon" und die
Welt „da draußen", um gesund und sinnvoll leben zu
können. Das Mißverhältnis unserer patriarchalischen Endzeit besteht in einem Übergewicht der
männlichen Werte. Unser aller Psyche leidet gleichsam an Gleichgewichtsstörungen. Das weibliche
Gegengewicht zum Maskulinen, die mächtige Fee,
die Zauberin, die gut-böse Hexe, sie fehlt und muß
zurückgewonnen werden.

Die unerlöste Naturseele:
Melusine

„Seliger ist es, die Nymphen zu beschreiben,
als die Orden zu beschreiben;
seliger ist es, Melusina zu beschreiben,
denn Reuterei und Artillerie."[32]

Für Paracelsus, von dem dieser ebenso friedfertige
wie revolutionäre Satz stammt, gab es keinen Zwei-
fel daran, daß die Frau dem Manne gleichwertig und
ebenbürtig sei. So gesteht er in seinen Schriften
freimütig, er habe für seine Heilkunst „von alten
Weibern" – also den typischen Hexen – mehr gelernt
als auf der Hohen Schule.

Er war nicht nur ein bedeutender Arzt, er hatte
die Gabe des Gesichts und schaute tief in die
Geheimnisse der Natur. Feuer, Wasser, Erde und
Luft sah er von einer Vielzahl von Kräften und
Geistwesen bevölkert, und er ahnte wohl auch, daß
diese Salamander, Nymphen, Zwerge und Sylphen,
diese Nixen und Melusinen nicht nur „da draußen"
in den Elementen lebten, sondern auch in der Tiefe
der menschlichen Seele. Für ihn war eine „Vermählung" solcher Naturwesen mit Menschen nichts
Heidnisches, wie für die angesehenen Gelehrten
und Theologen seiner Zeit, sondern eine höchst
sinnvolle Verbindung, in der zwei Seinsweisen, die
vom selben Schöpfer stammen, einander ergänzen.

Viele Volkssagen, in denen sich Nymphen und Nixen mit Menschen verbinden, fußen wohl auf demselben Grundgefühl. Dennoch gehen diese Liebesgeschichten meist recht traurig aus – ein Zeichen für die große Kluft zwischen der weiblich elementaren und der männlich geistbetonten Welt.

Wir alle kennen wohl die Erzählung von der Wassernixe Undine, die ihrem Ritter Hans so gern eine gute, irdische Ehefrau gewesen wäre. Ihr Vater, der weise Wassermann, erlaubte ihr zwar, diesem in die Welt der Menschen zu folgen, aber eine der ihren kann sie nur unter einer Bedingung werden: Hans muß in unverbrüchlicher Liebe und Treue zu ihr stehen. Nun liebt der Ritter zwar seine „unkonventionelle" Nixenfrau sehr, aber er kann sich nicht so ausschließlich an sie binden, wie es für ihre „Menschwerdung" erforderlich wäre. Zu verlockend ist Berta, die irdische Normalfrau, die er besser versteht, mit der er eine gemeinsame Wellenlänge hat. Undine ihrerseits kann sich nicht in die sachlich nüchterne Art der Menschen schicken; sie bleibt im Grunde die Emigrantin aus einer anderen Sphäre, ein Stück Naturseele. So endet denn die kurze Ehe mit dem Tod des Ritters, der die Liebesprobe nicht bestanden hat und dafür mit dem Leben bezahlt, und mit Undines Rückkehr in das Wasserreich der Unbewußtheit, wo es keine Erinnerung gibt, kein Leid, aber auch keine Gefühle, keine Liebe; es ist die Welt vor dem „Sündenfall", aus der Eva, die wie die Nixe ein ganzer Mensch werden wollte, sich unter Schmerzen gelöst hat.

Eine andere Sage berichtet von der unglücklichen Rusalka, die es in ihrem stillen Waldsee nicht mehr aushält, weil sie sich danach sehnt, eine Menschenfrau mit einer unsterblichen Seele zu werden. Auch sie braucht dazu die Liebe eines Mannes, und wieder nimmt der Versuch ein tragisches Ende. Der Menschenmann erliegt zwar ihrem faszinierenden Zauber, aber Rusalkas Wasser-Seele bleibt ihm fremd und unheimlich. Letzten Endes erweist sich seine Liebe nicht als stark genug, um an ihr gegen den Spott und Unverstand seiner Umgebung festzuhalten. Rusalka, zart und verträumt wie die Seerosen ihrer fernen Waldheimat, ist dem derben Realismus des neuen Lebensraums, in dem sie sich bewegen muß, nicht gewachsen. Sie kann nicht kämpfen, das hat sie in ihrer Wasserwelt nicht gelernt; sie hat kein „Durchsetzungsvermögen". So flieht sie erschreckt und verstört in ihren verschwiegenen See zurück. Jetzt erst merkt der Freund, was er an ihr verloren hat, er folgt ihr nach, will sie zurückholen. Aber die Gunst des rechten Augenblicks ist vertan, die Reue kommt zu spät. Rusalka, nun wieder ganz den unerbittlichen Gesetzen der Natur unterworfen, wird ihm zum Verhängnis. Der Geliebte ertrinkt in ihrer tödlich gewordenen Umarmung. Der Nixe aber, die schon zuviel Menschenluft geatmet hat, ist der Weg zurück in die eingeengte Beschaulichkeit des Wasserreichs verwehrt; sie wird zur Wanderin zwischen den Welten, zum ruhelosen Spukgeist, der durch Wälder und Sümpfe irrt und den Menschen, die sie so gern geliebt hätte, Unheil und Tod bringt. Aus der zärtlichen Wasserfee ist durch den Verrat des Mannes die verderbliche böse Hexe geworden.

Eine der anmutigsten Liebesgeschichten dieser Art führt uns nach Frankreich, in eine ferne Zeit. Es ist die Sage von der schönen Melusine und ihrem Gemahl, dem Ritter Raymond.

Melusine war von ihrer Mutter, der Quellnymphe Pressina, zur Strafe für unbotmäßiges Handeln mit einem schrecklichen Fluch belegt worden: Bis ans Ende ihrer Tage solle sie sich jede Woche einmal für vierundzwanzig Stunden von der Hüfte abwärts in eine Schlange verwandeln. Nur wenn sie einen Mann fände, der damit einverstanden sei, sie in dieser Zeit allein zu lassen, und ihr darüber hinaus schwüre, sich nie in ihr Geheimnis zu drängen, könne sie sich vermählen. Bräche ihr Gemahl aber sein Wort, so werde sie sich für immer unter Schmerzen in ein Tier verwandeln. Nach diesem schlimmen Spruch verbannte die erzürnte Pressina ihre Tochter aus ihren Augen und bestimmte sie im fernen Frankreich zur Hüterin der Quelle Lusinia, die in großer Verborgenheit inmitten eines ausgedehnten Waldgebietes zutage trat.

Die Jahre vergingen. Melusine verbrachte ihre einsamen Tage damit, dem Gluckern und Murmeln ihrer Quelle zu lauschen. Im Sommer ließ sie sich in den Wellen treiben, wusch ihr schimmerndes Haar und sang vor sich hin, süße und traurige Weisen von sonnendurchglühten Sommertagen, vom Regen, der auf die Blätter trommelt, von den Sternen, die am Nachtgewölbe glitzern, und von der Kühle des Mondlichts. Ihre einzigen Gefährten waren Libellen und Schmetterlinge, die übers Schilf gaukelten, die Frösche, die mit melancholischem Gequake ihre Lieder begleiteten, und die Tiere des Waldes, die bei ihr den Durst stillten und sie mit großen Augen dankbar und liebevoll ansahen. Jeden siebten Tag aber erfüllte sich der mütterliche Fluch an ihr; dann kroch sie in den tiefsten Schatten der Bäume hinein und wurde wieder zu einem halben Tier.

Eines Tages trat kein Reh, kein Hase aus dem Waldesinnern hervor, sondern ein junger Mann in reicher Kleidung, der wie verzaubert den süßen Weisen Melusinens nachging. Zögernd kam er näher, bis er die anmutige, einsame Wasserfrau erblickte. Ihm war, als hätte er sein ganzes Leben auf diesen Augenblick gewartet, als fände er in den unergründlichen Augen der Nixe Antwort auf Fragen, die er in sich fühlte und nicht in Worte fassen konnte. Mit einem Wort: Er war unsterblich in die anmutige Fee verliebt. Auch Melusine zog es zu dem jungen Manne hin, aber sie dachte an den grausamen Fluch, seufzte und wandte sich weinend ab. Doch schon war er neben ihr, ergriff schüchtern ihre Hand, drückte sie voll Inbrunst an seine Lippen. Ob sie nicht seine Eheliebste werden wolle? Sie würde ihn dadurch zum glücklichsten Mann unter der Sonne machen!

Stockend nannte ihm Melusine die Bedingungen, die sie an ihr Jawort knüpfen mußte. Graf Raymond – so hieß der junge Freier draußen in der Welt jenseits des Waldes – gelobte, sich daran zu halten und nie den Versuch zu machen, sehen zu wollen, was nicht für seine Augen bestimmt sei. So stand denn einer Vermählung nichts mehr im Wege.

Bald merkte der Graf, daß er sich das Glück ins Haus geholt hatte. Was er begann, kam zu einem guten Ende. Das Korn trug reiche Frucht, die Weinberge strotzten von saftigen Trauben, das Vieh gedieh, und die Untertanen erfreuten sich guter Gesundheit. Fast schien es, als schlügen Krankheit, Hunger und manch anderes Ungemach einen Bogen um seine Ländereien. Viele Jahre gingen so ins Land. Melusine, der dies alles zu verdanken war, blieb so schön und sanft wie am ersten Tag ihrer Begegnung.

Die Ehe wurde mit zahlreichen Söhnen gesegnet, aber diese waren zugleich der Wermutstropfen in ihrem Glück. Jeder, mit Ausnahme der beiden zuletzt geborenen, hatte irgendeine körperliche Verunstaltung. So konnte es nicht ausbleiben, daß hinter dem Rücken der Gräfin manch hämisches Wort die Runde machte. Sie sei eben doch keine Menschenfrau, gifteten die bösen Zungen, sondern eine Fee, eine sehr undurchschaubare noch dazu, vielleicht schon mehr eine Hexe. Vielleicht habe sie an dem berühmten siebten Tag jeweils ein Rendezvous mit dem Teufel? Vielleicht seien die Kinder gar nicht vom Grafen? Keine Ähnlichkeit in den Gesichtszügen. Nein, da gehe, weiß Gott, nicht alles mit rechten Dingen zu!

Raymond, der so lange Jahre treu zu seiner Melusine gestanden hatte, begann endlich doch, den Einflüsterungen Gehör zu schenken. Mißtrauen wurde in ihm wach und wuchs und wuchs, bis es zuletzt alle anderen Gefühle überwucherte. Schließlich erlag er der Versuchung; er versteckte sich hinter einem Vorhang im Gemach seiner Frau, begierig, endlich die Auflösung des Rätsels zu erfahren, das seine immer noch geliebte Fee als Mitgift in die Ehe eingebracht hatte. Was er zu sehen bekam, erfüllte ihn mit unaussprechlichem Entsetzen. Von der Hüfte abwärts verwandelte sich Melusine vor seinen Augen in ein schuppiges Reptil, das sich in schrecklichen Windungen zum Bade wälzte. Dort kauerte sich das Wesen, das oben Frau und unten Schlange war, zusammen und verharrte reglos, Stunde um Stunde.

Der Graf schwieg zunächst über seine furchtbare Entdeckung, denn er wollte Melusine trotz allem nicht verlieren. Erst als einer der Söhne eine blutige Untat beging, verlor er die Beherrschung. „Das ist dein Sohn, du Schlange, nicht meiner", schrie er ihr ins Gesicht. Da wußte Melusine, daß ihr Geheimnis entdeckt, der Vertrag gebrochen, die glückliche Erdenzeit zu Ende war. Ihre Gestalt zerfloß wie Nebel, der sich im Wind auflöst, und ehe sich die Höflinge, allen voran Raymond selber, von ihrem Schrecken erholt hatten, hörten sie vor den Fenstern draußen einen wehmütig klagenden, langgezogenen Schmerzensschrei. Es war Melusine, an der sich der mütterliche Fluch erfüllt hatte. Einmal noch umflog sie als grünschillernde Schlange den Turm der Burg, dann entschwand sie für immer den Blicken ihres ungetreuen Gemahls. Noch Jahrhunderte später aber ging die Sage, daß jedesmal, wenn ein Nachfahre von Raymond und Melusine sterben mußte, eine geflügelte Schlange wehklagend um die alten Mauern von Lusignan flog.

Melusine ist die Frau, der die ganzheitliche „Menschwerdung" nicht gelingen will. Sie bleibt so sehr dem Elementarreich der Natur verhaftet, daß selbst die Liebe die Kluft nicht überwinden kann. Sie ist, mit C. G. Jung gesprochen, die Frau, die ihren Geist-Animus nicht integrieren kann. Sie ist „nur Hexe", verfehlt die Chance, ein ganzer Mensch zu werden, der aus belebter Erde und unsterblicher Geistseele besteht.

Der Mann hat fast keine Wahl, er muß der Schlangenfrau untreu werden, denn er hat Angst, in das fremdartig faszinierende, unbewußte Wasserwesen der Frau, ihre naturhafte Hexenhaftigkeit, zurückgezogen zu werden, was für ihn ein gefährlicher Rückschritt wäre. So kann sich der Abgrund nicht schließen, Mann und Frau bleiben einander fremd, ein jeder in seiner Welt.

Was fehlt, was letzten Endes schuld daran ist, wenn all diese Geschichten von Melusine, Undine und Rusalka so traurig enden, ist ein ausgewogenes Geben und Nehmen zwischen „Wasserhexe" und „Geistmann"; ohne diesen Ausgleich kann keiner von beiden seine volle Menschlichkeit entfalten.

Die „Vermählung" zwischen Melusine und Raymond kann aber nur von Dauer sein, wenn die Frau ihr Naturwesen nicht mehr als „Schande" vor dem Manne verbergen muß, wie das bisher im Zeichen der männlich ausgerichteten Moral üblich war. Erst seit den Erkenntnissen der modernen Tiefenpsychologie besteht die Möglichkeit, daß Mann und Frau ihre Situation vorurteilslos verstehen lernen und in ihrer ganzheitlichen Menschwerdung ein Stück weiterkommen. Diese Chance sollten wir dankbar ergreifen; hier könnte sich ein Weg in eine unverkrampftere, harmonischere Zukunft öffnen.

Frau und Mann, Melusine und Raymond, Undine, Rusalka und ihre Menschenliebsten, sie sind aufeinander zugeordnet, brauchen einander, um aus zwei Bruchstücken zu einem Ganzen zu werden – so wie die Blume Sonne *und* Regen braucht, um wachsen und reifen zu können.

Frau Holle und ihre Schwestern

Die typische „Hexe", an die wir bei diesem Wort zuerst denken, finden wir vor allem in unseren Märchen, die die späten Verwandten der alten Mythen sind. Durch die oftmals stark moralische Übermalung haben sie zwar einen Teil ihrer Ursprünglichkeit eingebüßt; gleichzeitig tritt auf dem Hintergrund der geltenden Tugendideale das Bild der bösen Frau, der verabscheuungswürdigen Hexe besonders plastisch hervor. Die Weisheit der Märchen hat nicht selten einen (männlich) erhobenen Zeigefinger.

Viele Gesichter verbergen sich hinter der „Hexe". Die Volksseele kennt sie als Holde und Unholde, als Trude, als Strige, Perchte, weise Frau und als Kräuterweib, als Fee und als Elementargeist. Mancher davon sind wir auf unserer Wanderung durch das Reich der Mythen schon begegnet. In all diesen Verkörperungen weiblicher Urkraft lebt ein Teil jener Energie fort, die schon in den großen Göttinnen der menschlichen Frühzeit wirksam war.

Die berühmteste Hexe in unseren Landen lernt man meist schon in frühen Kindertagen kennen. „Jetzt schüttelt die Frau Holle ihre Betten", erklärte mir damals die Großmutter, als ich die ersten Schneeflocken meines jungen Lebens durch die Luft wirbeln sah. Die gewissermaßen „persönliche" Begegnung mit dieser Urmuttergestalt begann für mich allerdings mit einem Schock, denn in meinem Märchenbuch sah sie eindrucksvoll scheußlich aus: Unter straff zurückgekämmten, mausgrauen Haaren eine zerfurchte Stirn, borstig abstehende Augenbrauen, eine üppige Fleischnase und ein halbgeöffneter Mund, der ein wahres Pferdegebiß enthüllte. Alles an diesem Gesicht schien irgendwie in die Länge gezogen bis hin zu den Ohren, die in riesigen Lappen – im Volksglauben ein Zeichen für langes Leben – herunterhingen. Trotzdem muß der Künstler etwas von ihrem wahren Naturell verstanden haben, denn inmitten dieser merkwürdigen Gesichtslandschaft glänzten zwei überraschend kluge, freundliche Augen, und die machten vieles wieder wett.

Jede Gegend hat ihre eigenen Geschichten von der Frau Holle, oder wie sie sich gerade nennt. In Hessen zeigt man sich eine sumpfige Senke, die „Frau Hollens Teich" heißt. Wenn Frauen zu ihr in den „Brunnen", in die Welt des weiblichen Bewußtseins, hinuntersteigen, gibt sie ihnen Gesundheit und Fruchtbarkeit. Auch die neugeborenen Kinder kommen aus dem mütterlichen „Fruchtwasser" dieses Teiches.

Frau Holle ist die Mutter-Hexe, die auf Ordnung sieht und denen, die sich gutwillig ihrem Regiment beugen, manche Wohltat gewährt. Faule Spinnerinnen bestraft sie, indem sie ihnen den Rocken verwirrt; fleißige Mädchen aber, die schon am frühen Morgen Wasser holen, finden am Grund ihres Eimers einen Silberpfennig. Es bleibt dem Leser überlassen, sich eine besser in unsere Tage passende Parallele auszudenken.

Im Märchen von der Gold- und Pechmarie lernen wir ihre ausgeprägte Doppelbödigkeit kennen. Dem ersten Mädchen, das auf ihre Worte hört, den Backofen leert, die Äpfel schüttelt und sich für die angewiesene Arbeit nicht zu gut ist, erscheint sie als die Güte und Großzügigkeit in Person. Für deren Schwester aber, verzogen und verlogen und nur auf persönlichen Profit bedacht, ist sie die gnadenlos Strafende. Genau besehen, ist die Sache aber wohl doch so, daß beide Mädchen, die Goldglänzende und die Pechschwarze, sich ihr Schicksal selber schmieden; die eine verhält sich dem Anruf des Lebens gegenüber positiv, die andere negativ. Die „Hexe" reagiert lediglich auf die Art und Weise, wie man sich ihr gegenüber einstellt.

Faulheit kann Frau Holle um die Welt nicht ausstehen. In einer anderen Geschichte, die man sich im Harz erzählt, fordert sie drei junge Mädchen auf, den „Hahnenklee", einen mächtigen Felsbrocken (der im übrigen in der Walpurgisnacht Hexentanzplatz ist), zu kehren. Zwei von ihnen rümpfen die Nase; es ist ja auch ein etwas grotesker Vorschlag. Die dritte aber macht sich bereitwillig ans Werk. Da erscheint ihr die weise Frau noch einmal, lobt sie, segnet ihr gutes Herz und schenkt ihr am Hochzeitsmorgen eine silberne Wiege, gefüllt mit Goldtalern, die nie alle werden. Damit ist nicht nur äußerer Reichtum gemeint, sondern auch – was viel wichtiger ist – dauerhaftes inneres Glück und Zufriedenheit. Die anderen zwei Mädchen, die nicht auf die Stimme der Frau Holle hören wollten, werden von ihr verwünscht, ihr Leben lang zu keinem Mann zu kommen.

In Thüringen treffen wir die Hexe wieder; jetzt

heißt sie Hulda oder auch Perchte. Und auch diesmal ist sie für die einen Glücksbringerin und gute Fee, für die anderen finstere Zauberin und Verderberin. Nur: Der Mensch kann Wohlwollen oder Mißfallen der mächtigen Frau selber beeinflussen, je nachdem, wie er sich zur Holle-Welt, der Welt der Erde, der Gefühle, stellt.

Diese zwei Gesichter der Hexe könnte man auch einmal als ein Gesetz verstehen, das jeder Mensch in sich selber trägt. Wenn er Holles Weisungen – die man als „Intuition", als „innere Stimme" in unsere Umgangssprache übersetzen könnte – folgt, dann befindet er sich gewissermaßen im Frieden mit sich selber. Er erreicht das Goldtor, das heißt, er wird eine eigenständige, ganzheitliche Persönlichkeit. Sträubt und sperrt er sich dagegen, mißachtet er die Stimme der weisen Frau in seiner Seele, dann gerät er auf einen Lebensweg, der nicht der seine ist. Er endet unterm „Pechtor": in der Entfremdung von sich selbst.

Noch ein weiteres Mal begegnen wir unserer Erzhexe, diesmal im Märchen von „Rapunzel". Nun ist aus ihr eine unheimliche Zauberin geworden, die den Garten des Lebens bewacht, hegt und pflegt. Wehe, wenn einer unbefugten Fußes ihre Beete betritt, weil ihn nach einer Handvoll Lebenskräuter gelüstet, die er nicht selber gepflanzt und begossen hat! Er muß den Frevel mit dem Kostbarsten bezahlen, das er besitzt: seinem eben geborenen Seelenkind, in dem alle Entfaltungsmöglichkeiten seines künftigen Lebens schlummern. Es hilft also nicht, seelisch hochzustapeln, sich beispielsweise das Mäntelchen einer Wissenstiefe umzuhängen, das einem noch gar nicht zukommt – ein heute im

Zeichen eines Überangebots auf dem „Psycho-Markt" gern geübter Brauch. Man muß seine Seelen-pflänzchen schon selber aus dem Samen großzie-hen; sie einfach aus dem magischen Zaubergarten der Hexe zu entwenden, sich gleichsam eine Woche lang mit esoterischem Salat aus ihrem Garten zu bedienen, bringt keinen dauerhaften Segen; Rapun-zels Eltern sind der Beweis dafür.

Wie jede große archetypische Gestalt hat auch die Frau Holle ein ihr zugehöriges Symbol: es ist das Spinnrad. Sie spinnt und webt das Leben der Men-schen nach uralten Schicksalsmustern, eine Schwe-ster der nordischen Nornen, von denen wir schon gehört haben. Noch ein weiteres Symbol gehört zu ihr: der Backofen, aus dem wie aus einem Mutter-schoß immer wieder neues Leben herauskommt, wenn es „fertig" ist.

Neben der belohnenden und bestrafenden Mutter-Hexe, wie sie Frau Holle verkörpert, gibt es noch viele andere Wesenszüge im Charakter der Frau, der wir im Märchen als Hexe wiederbegegnen. Da ist zum Beispiel der Typus der Stief- oder Schwieger-mutter-Hexe. Immer sind es junge Menschen, meist Mädchen, die von der Eifersucht der alternden Frau verfolgt werden. Jedes Mittel ist ihr recht, wenn sie sich damit von der unliebsamen Konkurrenz der nachdrängenden Jugend, der unverbrauchten Le-benskraft befreien kann. Denken wir an Schneewitt-chens Stiefmutter, die alle dunklen Künste ihres Hexengewerbes aufbietet, um die heranwachsende Schönheit der Ziehtochter zu zerstören. Sie kann es nicht verwinden, daß ihr der Spiegel eines Tages verrät, sie sei nicht mehr „die Schönste im Land". Zugegeben, solchen Rabenmüttern — die es nicht nur im Märchen gibt – kann man beim besten Willen keine sympathischen Seiten abgewinnen. Aber vielleicht, wenn wir genau hinhören, klingt durch die Mißtöne, die sie von sich geben, etwas wie eine tief verborgene Trauer hindurch. Es ist, als ob manche dieser Frauen eine höllisch ausweglose Verzweiflung mit Flüchen und Verwünschungen zudeckten. Vielleicht schlägt unter dem Gehabe manch finster blikkender „Hexe" ein recht einsames und verbittertes Herz? Wir sind schnell bei der Hand, eine Frau, die uns nicht geheuer ist, zur Hexe zu machen. Kennen wir ihren Lebenslauf? Wissen wir, wie wir an ihrer Stelle geworden wären, hätten wir das gleiche Schicksal zu bestehen gehabt? Ist es in einer Welt, in der das Weibliche oft nur als Dekoration des Mannes gehandelt wird, nicht wirklich zum Verzweifeln, wenn man die ersten Falten entdeckt, wenn die einzige Währung, die in Männeraugen zählt, ihren Wert verliert? Ich muß oft an einen Ausspruch denken, den die Frau eines hochrangigen Industriebosses einmal scheinbar scherzhaft von sich gab: „Wenn ich fünfzig bin, hänge ich mich auf."

Eine sehr eindrucksvolle Märchenfigur ist die Hexe, die dem Helden oder der Heldin Aufgaben stellt, meist so schwierig, daß sie ohne Hilfe von dritter Seite nicht gelöst werden können. Auch diese Hexen haben zwei Gesichter: Sie scheinen durch und durch böse – und helfen den Suchenden dennoch zum Guten. Erst die grausame Handlungsweise der Hexe lenkt das Geschehen in eine Richtung, wo es ein Happy-End gibt. Ist sie, die uns so hart und unerbittlich begegnet, also insgeheim wissender und weiser, als wir ahnen? Manches Ziel läßt sich ja nur erreichen, wenn man unbeirrt darauf losmarschiert, scheinbar widersinnige Aufgaben in Angriff nimmt, sich von keiner Schwierigkeit, keiner Gefahr abhalten läßt. Die Hexe akzeptiert bei ihren Prüflingen keine Ausrede, gewährt kein Pardon, sie müssen ihr Heil versuchen, allen Mut zusammennehmen. Und sie werden dafür belohnt, denn „wo Gefahr ist, da wächst das Rettende auch". Trauen wir der scheinbar so Bösen und Selbstsüchtigen ruhig zu, daß sie um diese Zusammenhänge weiß, auch wenn die Nase spitz und die Augen rot sind. Allerdings: Sanft und lieb sind sie nicht, diese Hexenfrauen; sie verlangen dem Menschen, der in ihren Einflußbereich gerät, das Äußerste ab.

Eine ganz außergewöhnliche Verwandte unserer heimischen Hexen ist die „Baba Jaga" des russischen Märchens. Sie hat viel vom Nationalcharakter östlicher Völkerschaften in sich, wo weiche Gemüthaftigkeit und mörderische Grausamkeit enge Nachbarn sein können. Wenn sie in ihrem Mörser durch die Luft saust, gerät die ganze Natur in Aufruhr: Die Winde heulen, die Bäume biegen sich ächzend, und die zahmen und wilden Tiere werden unruhig und beginnen zu schreien. Obzwar häßlich und gefährlich, ist Baba Jaga dennoch in vielen Märchen Wegweiserin und Helferin. „Großmütterchen", wie sie oft tituliert wird, wenn man sie gnädig stimmen will, versorgt die Hilfesuchenden, die mutig genug sind, an ihre Tür zu klopfen, mit Speise und Trank und manch gutem Ratschlag. Dienstbare Geister, wie etwa die Winde der vier Himmelsrichtungen oder der Riesenvogel Mogol, sind ihr dabei behilflich, eine Geschichte für ihre Schützlinge zu einem guten Ende zu bringen.

Dennoch darf man sie nie verharmlosen, denn urplötzlich verspürt die scheinbar so gefällige Alte Appetit auf Menschenfleisch, und manche Baba Jaga hat um ihre Hütte einen Zaun aus Menschenknochen. Sie ist also wie keine andere gut und bös zugleich – eine Eigenschaft, die für uns, die wir von Kindheit auf dazu erzogen wurden, nur immer nach dem „Edlen" zu streben, wie eine Provokation wirkt. Mit ethischen Grundsätzen kommt man unserer Baba Jaga nicht bei; sie ist weder moralisch, noch unmoralisch: Sie ist amoralisch, was etwas ganz anderes ist. Ihre Handlungsweise liegt jenseits aller Moral in einem Raum der Naturnotwendigkeiten.

Was fängt man mit einem Mitmenschen an, der – ähnlich wie die russische Hexe – ganz bewußt seine weiße und seine schwarze Seite lebt? Eigentlich müßten wir dafür Verständnis haben, denn im Grunde ist jeder Mensch ein Sowohl-als-auch-Typ; daran erinnern wir uns im Zeichen der herrschenden Tugendideale aber nur sehr ungern. Wir sind ständig bemüht, einen Teil von uns zu unterdrükken, „unter Kontrolle zu halten", zu „veredeln", und meinen, dies sei auch noch besonders verdienstvoll. Dabei ist eine der schwierigsten Aufgaben wahrer Menschwerdung, einzusehen, daß beide Seiten, die hellen und die dunklen, zu uns gehören und gelebt werden wollen. Ohne diese Dunkelseiten geraten wir in Gefahr, zu gutmütigen, „braven" Hampelmännern zu werden, denen man auf der Nase tanzt. Wenn wir hingegen unsere „Hexenenergie", unsere Schattendynamik, zu Hilfe holen und nur das tun, was wir in der jeweiligen Situation als richtig empfinden – auch wenn es scheinbar „unmoralisch" ist–, sind wir auf dem Weg, „uns selbst zu verwirklichen", wie wir uns angewöhnt haben, diesen inneren Entwicklungsprozeß zu benennen. Die reinweißen Engelsideale des christlichen Äons haben uns dazu verführt, unsere Dunkelseite abzuspalten, zu verleugnen, sie dem Teufel oder „anderen" zuzuschieben. Solange wir aber Sündenböcke brauchen, die für unsere unerlösten Dunkelkräfte in die Wüste gejagt werden müssen, wird es auf diesem Planeten keinen Frieden geben.

Eine Schwester der Baba Jaga ist die Menschenfresserhexe, der es nur um den „Braten" geht, so wie sie beispielsweise bei „Hänsel und Gretel" erscheint. Sie hat die Kinder „zum Fressen gern". Das Problem der „fressenden Liebe" spielt in manchem Lebenslauf eine verhängnisvolle Rolle. Die Mutter, die Freundin, die Frau, ja die Tochter kann dem Mann gegenüber zum verschlingenden Monster werden, besessen vom Dämon kompromißlosen Habenund Festhaltenwollens. Aber auch Frauen können davon betroffen sein. Denken wir an so manche einsame Junggesellin, die nie zu ihrem eigenen Leben findet, weil sie von einer alten Mutter festgehalten wird, die gepflegt und umsorgt werden will und alle Lebenskraft der Tochter für sich verbraucht. Männer im Umkreis einer solchen egoistischen Mutterglucke bleiben ewige Jünglinge, können nie wirklich erwachsen werden.

Wir sehen schon: In dem Bemühen, die „Hexe" von falschen Vorurteilen zu befreien, darf man sich nicht dazu versteigen, aus ihr ein rundum positives Wesen zu machen. Sie *kann* böse sein, sie *kann* einen Menschen zugrunde richten, aber das bringen auch die allzu rigorosen Wertmaßstäbe des Mannes zuwege. Ob ich vom „bösen Blick" einer Hexe zerstört oder von einer Interkontinentalrakete pulverisiert werde, macht am Ende keinen Unterschied.

Nicht übersehen dürfen wir in unserer Hexengalerie die sogenannten „weisen Frauen". Sie treten in mancherlei Funktion auf: als Spinnerinnen, als Glücks- und Unglücksbotinnen. Man könnte sie „weiße Hexen" nennen, denn sie sind im Grunde den Menschen wohl gesonnen; nur vergessen oder übersehen darf man sie nicht, wie es im Märchen vom schönen Dornröschen geschieht. Ihre Macht ist zu alt, zu groß, als daß ein kleines Menschlein, und sei's der König, sich solchen Affront ungestraft leisten könnte.

Wir sollten wirklich wieder öfter Märchen lesen – „Jorinde und Joringel", „Brüderchen und Schwesterchen", „Fundevogel" und wie sie alle so herrlich geheimnisvoll heißen – zur Abwechslung einmal aus dem Blickwinkel der „Hexe". Eine ungewöhnliche, aber gewiß lohnende Perspektive, wo man etwas von der sonst meist verborgenen anderen Seite der Wirklichkeit erfährt, in der „gut" nicht immer nachahmenswert und „böse" nicht nur verderblich ist. Vielleicht verstehe ich, durch die Hexenbrille betrachtet, manche Zusammenhänge, die scheinbar sinnlos grausam sind, besser und tiefer: als Herausforderung an die schöpferische Phantasie des Menschen, einen Zugewinn an Kraft und Lebensklugheit; man darf nur die Auseinandersetzung mit der alten, bösen, hilfreichen, wissenden, mächtigen Urfrau nicht scheuen.

Die heilige Kräuterhexe:
Hildegard von Bingen

Auch in christlicher Zeit hat es immer wieder Frauen gegeben, die sich durch ein hohes Maß an weiblicher Geistigkeit auszeichneten. Sie fühlten, dachten und handelten aus der Kraft ihres Herzens heraus, gewannen Größe und Einfluß zu einer Zeit, wo das weibliche längst vom männlichen Prinzip bezwungen schien. Hildegards Biographie ist der lebendige Beweis dafür, daß zwischen der Existenz einer „Hexe" und einer „Heiligen" kein unüberbrückbarer Abgrund zu sein braucht.

„Denn das Firmament ist wie das Haupt
des Menschen;
Sonne, Mond und Sterne wie die Augen;
die Luft wie das Gehör;
die Winde wie der Geruch;
der Tau wie der Geschmack;
die Erde aber wie das Herz."[33]

Wer würde hinter diesen Worten eine mittelalterliche Nonne vermuten, einem Gott vermählt, der – wenn man manchen Schriftgelehrten Glauben schenken wollte – mit diesem Menschenleib nicht eben viel im Sinne hat? Es ist Hildegard von Bingen, 1098 als Tochter adeliger Eltern geboren, seit ihrem achten Lebensjahr in einer Einsiedelei auf dem Disibodenberg lebend, später Äbtissin, gestorben im für damalige Verhältnisse außergewöhnlich hohen Alter von 82 Jahren, die diese wundersame Zusammenschau von Natur und Menschenleben in ihrer Schrift „Von der Harmonie der Firmamente" niedergelegt hat. Woher kam ihr dieses tiefe und für die Anschauungen des zwölften Jahrhunderts – zumal für eine Frau – schon beinahe anstößige Wissen?

„Noch konnte das Mädchen nicht stammeln", so erzählt der Mönch Gottfried, der ihre Lebensgeschichte aufschrieb, „und schon ließ es ihre Umgebung durch Worte und Zeichen erkennen, daß es geheimnisvolle Dinge sah."[34] Vielleicht war sie ihren Eltern nicht ganz geheuer? Vielleicht war sie auch nur ein Esser zuviel – Hildegard war immerhin das zehnte Kind – gleichviel: Mit acht Jahren bereits wurde sie „dem heiligen Disibod geopfert", wie es Hildegard recht doppeldeutig formuliert. Es wird wohl eine jener kleinen Einsiedeleien gewesen sein, in der die irdischen Bedürfnisse auf das Nötigste beschränkt waren und alles auf das eigentliche, das himmlische Leben ausgerichtet war. Wie kommt Hildegard in dieser kargen Gebetsluft zu ihrem Wissen von Sonne, Mond und Sternen, von Kräutern und Bäumen, Tieren und Steinen, von den Höhen und Untiefen der menschlichen Seele und zu ihrem großzügigen, beinahe modern anmutenden Verständnis menschlicher Sexualität? Mit Mühe hat sie ein wenig lesen und schreiben gelernt; ansonsten war ihre Lehrmeisterin, Frau Jutta, mehr darum besorgt, sie in der Tugend der Demut und Gottesliebe und im Psalmengesang zu unterweisen. Und doch wird gerade sie, Hildegard, eine Meisterin des Wortes – sie, die ewige Kränkelnde, zur Verzagtheit

Neigende, eine Stimme, auf die Papst, Kaiser und Bischöfe hören – sie, die immer Angst hat, zur Predigerin vor Mönchskonventen und auf den Marktplätzen der Städte – sie, die Überbescheidene, zur Revolutionärin, wo es um die Sache der Menschlichkeit geht. Diese völlig unideologische Nächstenliebe gebietet ihr beispielsweise, auch männliche Kranke in ihr Nonnenkloster aufzunehmen – ein für den Zeitgeist schockierender Vorgang, der ihr vorübergehend sogar den Kirchenbann einbrachte, der aber zeigt, daß Hildegard bei aller Frömmigkeit eine gewisse innere Freiheit besitzt, die aus Quellen jenseits von Weihrauch und Glockengeläut zu stammen scheint.

Hildegard muß sich damit abfinden, ihren visionären Geist in eine hinfällige Körperhülle eingeschlossen zu wissen, die ihr Zeit ihres Lebens schlimme Streiche spielt. Immer, wenn sie einen inneren Auftrag verspürt, dem sie sich nicht gewachsen fühlt, wird sie „auf den Tod krank". Sobald sie sich dazu durchgerungen hat, „den Willen Gottes zu tun", erlebt sie eine geradezu verblüffende Wiederauferstehung, genest binnen Stunden und erscheint so frisch und gesund, daß ihre Umgebung staunend von einem Wunder spricht. Böse Psycho-Zungen könnten diesen Vorgang wohl ein „hysterisches Arrangement" nennen und würden ihr damit nicht gerecht. Dazu verlief das Leben dieser außergewöhnlichen Frau in zu heftigen Wellenbewegungen; höchste mystische Erlebnisse waren durch Perioden tiefster Verzagtheit voneinander getrennt. Hildegard bekam ihren Körper nie los; sie mußte ihn in alle Handlungen und Überlegungen mit einbeziehen, blieb dadurch in wohltuender Weise mit den Füßen auf der

Erde. Sie hatte nie Anlaß zu geistiger Überheblich-
keit, denn wenn sie in ihrer inneren Schau auch alle
Höhen und Abgründe des Seins durcheilt hatte und
ihr Geheimnisse kosmischen Ausmaßes enträtselt
worden waren, fand sie sich letztlich in einem Körper der tausend Schmerzen wieder.

Hildegards Lebensgefühl ist bestimmt von dem in
immer neuen Bildern besungenen Kreislauf irdi-
scher und überirdischer Seinsgesetze. Alles wandelt
sich und bleibt doch in dem von Ewigkeit her vorge-
gebenen Rahmen. Nichts ist zu klein, nichts ist zu
groß, daß es nicht eine Offenbarung göttlicher
Macht und Weisheit sein könnte. Der Lauf der
Gestirne, das Rauschen des Windes in den Bäumen:
Wer wollte entscheiden, was im Herzen eines Menschen mächtiger wirkt?

Das Menschenbild dieser Nonne ist ein ungemein
humanes. Sie reißt Körper, Geist und Seele nicht
auseinander, konstruiert keine künstlichen Gegensätze zwischen den Bedürfnissen des sterblichen
Leibes und denen der „wertvolleren", weil unsterblichen Seele. Wie jeder gute Arzt weiß sie, daß viele
körperlichen Erkrankungen ihre Ursache im seelischen Bereich haben. In ihrer höchst originellen
Sprache hört sich das dann so an:

„Fühlt die Seele des Menschen etwas,
das entweder ihr selbst
oder dem Körper zuwider ist,
so zieht sie das Herz,
die Leber und deren Adern zusammen.
Infolgedessen erhebt sich um das Herz
eine Art Nebel, der es verdüstert,
und also wird der Mensch traurig."[35]

Was vollends ihre Schau vom Einfluß der Gestirne auf Ereignisse in der Natur, auf die Wirksamkeit von Pflanzen, aber auch auf bestimmte physiologische und stimmungsmäßige Abläufe im menschlichen Leben betrifft, so steht Hildegard in guter alter Kräuterweibertradition. Gegen den ausdrücklichen Wortlaut der ersten deutschen Nationalsynode im 8. Jahrhundert, wo die Bischöfe neben manch anderer „Götzendienerei" das Sammeln und Zubereiten von Kräutern bei wachsendem oder schwindendem Mond verurteilt hatten, schreibt Hildegard: „Werden edle und gute Pflanzen bei zunehmendem Mond von der Erde abgeschnitten oder entwurzelt, wenn sie reif sind, dann sind sie für Latwerge, Salben und Heilmittel aller Art besser, als wenn sie bei abnehmendem Mond eingesammelt werden."[36] Hildegard ist überzeugt, daß in der Natur und im Leben des Menschen alles mit allem zusammenhängt, und so schreibt sie weiter: „Wächst der Mond zu seiner Fülle, dann mehrt sich das Blut im Menschen, und nimmt er ab, dann mindert sich auch im Menschen das Blut."[37] Das mag sich für naturwissenschaftlich geschulte Ohren unserer Zeit ein wenig seltsam anhören, aber das Grundgefühl stimmt: Nicht nur die „unvernünftige" Natur, auch die „vernünftigste" aller Kreaturen, der Mensch, steht in einem Netzwerk unsichtbarer Energieströme, die er zu seinem eigenen Wohl berücksichtigen sollte.

Was wäre dieser großen Heilerin und Visionärin wohl geschehen, hätte sie nur gut hundert Jahre später gelebt? Unweigerlich wäre sie statt zur Ehre einer Kirchenlehrerin zum Tod am Schandpfahl „erhöht" worden. Vieles vom alten Volksglauben, was Generationen von Theologen mühsam aus dem

Brauchtum des Volkes hinausgedrängt hatten, holt die Bingener Äbtissin in aller Unbefangenheit durch die Hintertür wieder ins Leben herein. Denken wir nur, welchen Tort sie ihren gelehrten Brüdern in Christo mit der Mandragorawurzel antut, jenen Alraunemännchen und -weibchen, die von den Leuten vormals fast wie kleine Hausgötter verehrt worden waren! Hildegard „erlöst" sie vom Kirchenbann und steckt sie ihren christlichen Zeitgenossen sogar ins Bett! Man solle die Wurzel mit frischem Wasser abwaschen und dann so zu sich legen, daß sie, vom Schweiß erwärmt, etwas von ihrer eigenen Kraft und Wärme an den Menschen abgeben kann. Dazu solle man sprechen: „Herr, der du den Menschen aus Lehm und Schmerzen gebildet hast, hier lege ich dieselbe Erde, welche jedoch niemals gesündigt hat, zu mir, damit meine sündige Erde jenen Frieden, den dieselbe ursprünglich besaß, wieder erlange."[38] – Aberglaube? Oder vielleicht das, was der moderne Mediziner „Placeboeffekt" nennt?

Hildegard muß trotz ihres asketischen Nonnenlebens eine sehr feminine Frau gewesen sein. Wenn schon nicht für ihr irdisches Dasein, hatte sie doch in der transzendenten Welt ihrer Visionen einen „Liebhaber", von dem sie selber schreibt: „Ein überaus schöner und liebenswürdiger Mann erschien mir in meinem Gesicht der Wahrheit. Er brachte mir solchen Trost, daß er bei seinem Anblicke alle meine Eingeweide wie mit Balsamruch durchgoß."[39] Hundert Jahre später, im heraufziehenden Hexenwahn, hätte man womöglich aus ihrer schönen Mannsgestalt einen Abgesandten Luzifers gemacht und sie selber zur Teufelsbuhle erklärt.

Hildegards Selbstverständnis als Braut Christi

weist mitunter Einsprengsel auf, die aus den ver-
schütteten Tiefen der mütterlichen Zeit zu kommen
scheinen. So läßt sie zum Beispiel, inzwischen
Äbtissin geworden, ihre Nonnen jeden Monat einmal
in schönen Gewändern, mit gelöstem Haar und mit
Kränzen geschmückt zur Kirche gehen. Erinnert das
nicht von fern an die Tage der heiligen Haine? Der
Gott ist ein anderer geworden, aber seine Dienerinnen wissen in aller Demut doch noch um ihre Weiblichkeit. Sie schmücken sich für ihn zu einer Zeit,
wo Schmucklosigkeit, Verachtung, ja Knechtung des
Leibes als Tugend betrachtet werden.

Hildegard muß die Kraft einer echten Heilerin
gehabt haben. „Die Gnade der Krankenheilungen
erstrahlte in ihr so wirksam", schreibt ihr Biograph,
„daß sich ihr nur selten ein Kranker nahte, ohne
sofort gesund zu werden."[40] Mögen wir davon eini-
ges als Überschwang des Verehrers abziehen, bleibt
die Liste ihrer Heilungserfolge immer noch eindrucksvoll genug. Teils mit Kräuterauszügen, teils
durch Handauflegen verhalf sie den Siechen, die in
Scharen kamen, zu neuer Gesundheit. Sie segnete
Wasser und sandte es an entfernte Hilfesuchende;
auch das Besprechen – gute alte Hexentradition –
nahm sie zu Hilfe. Eine dieser Formeln lautete: „In
Adams Blut entsprang der Tod, in Christi Blut ward
der Tod erstickt. In diesem Blute Christi befehle ich
dir, Blut, daß du in deinem Lauf innehältst."[41]

Diese Jungfrau, so ganz in Gebet und Gottesschau
erzogen, ist auf bemerkenswerte Weise frei von Prü-
derie. Die Art, wie sie in ihren Schriften über die
menschliche Sexualität schreibt, von der Anziehungskraft der Geschlechter, vom „starken" und
„schwächlichen" Samen des Mannes, von der „Hitze

der Frauen" – all das hätte ihr in einem sehr viel „aufgeklärteren" Jahrhundert den Ruf der Obszönität und ihren Schriften die Einreihung unter die jugendgefährdende Literatur beschert. Dabei hat sie eine Art der Darstellung, die sich immer wieder in ungemein plastischen Bildern ausdrückt und Sinn für Humor verrät. Hören wir doch einmal zu, wie sie das Phänomen der Verliebtheit beschreibt: „Und deshalb, weil der Mann diese große Liebe in sich fühlt und hat, so läuft er hurtig zur Frau, wie der Hirsch zur Quelle, und das Weib zu ihm, wie eine Scheuertenne, die durch viele Schläge erschüttert und erhitzt wird, wenn man das Korn in ihr drischt."[42]

Hildegard hat es verstanden, ihrem Christengott die Treue zu halten und doch nicht in gläubigen Starrsinn zu verfallen, sondern innerlich lebendig, „grün" zu bleiben bis ins hohe Alter. Grün war im übrigen ihre Lieblingsfarbe; keine andere kommt in ihren Schriften so oft vor. Sie spricht von der „grünenden Kraft des Wassers", das im Menschen schafft, davon, daß „Adam vom Grün der Erde mannhaft" geworden sei, von den Kräutern, die „das Grün so gierig in sich saugen wie ein Lamm die Muttermilch."[43] Manche moderne Ausleger meinen dies so interpretieren zu müssen, daß sie als Kräuterkundige wohl auch halluzinogene Drogen benutzt habe, bei denen ja bekanntlich die Farbe Grün eine hervorragende Rolle spielt. Warum aber kann sie nicht einfach eine große Schauende gewesen sein, ein Gefäß göttlicher Offenbarung, um es christlich auszudrücken?

Hildegard von Bingen, große Frau in einer Zeit, die viele Schatten hatte – Ärztin, Kräuterweib, „Psy-

chotherapeutin", christliche Visionärin, Abenteure-
rin der Seele, an beiden Ufern des abendländischen
Lebensstroms, dem christlichen und dem „heidni-
schen", beheimatet, Heilige und Hexe der weißen
Magie, Vertraute der Engel: Welch ein Lebenslauf!
Ihr Ende war im übrigen undramatisch, aber charakteristisch für viele Schamanen: Im zweiundacht-
zigsten Jahr „befiel sie der Überdruß an diesem
Leben". In einer prophetischen Schau erhält sie
Kunde von der Stunde ihres Todes. Sie legt sich aufs
Krankenlager und „wandert durch ihren seligen Tod
zum himmlischen Bräutigam".[44] Ganz gewiß war es
jener überaus gewinnende Mann ihrer Gesichte, der
die Entrückte in einer besseren Welt und nun für
immer in die göttlichen Arme schloß.

Die Legende erzählt, daß in ihrer Sterbestunde
Seltsames geschehen sei. Obwohl es Nacht war,
begannen die Vögel zu singen, Lichter erschienen
am Firmament, und die Blumen verströmten Wohl-
gerüche süßer als im Mai. Die ganze Natur vereinigte
sich zu einem letzten Lobpreis der Farben, Düfte
und Klänge für die große Seherin, die die Geheimnisse der Schöpfung wie aus einem offenen Buche
las.

Ein Hexenprozeß
im siebzehnten Jahrhundert

Ein Buch über die Hexe wäre unvollständig, würde man nicht auch all jener geschundenen und grausam gequälten Frauen gedenken, die in der Zeit zwischen dem zwölften und achtzehnten Jahrhundert zu Zehntausenden dem Hexenwahn zum Opfer fielen. Der nachstehende Bericht ist nach einem Originalprotokoll entstanden und erzählt stellvertretend für viele weibliche Schicksale vom Leiden und Sterben der Anna Lorsch, Pomp Anne genannt. Sie war eine schlichte, einfältige Frau vom Land, nicht gerade schön, aber auch nicht häßlich, eher arm als wohlhabend, weder besser noch schlechter als eine ihrer Nachbarinnen. Nichts in ihrem Leben ging über gängiges Mittelmaß hinaus, und so wäre ihr Name längst im Winde der Zeit verweht, hätte sich nicht ein „actenmäßiger Bericht" ihrer beiden letzten Lebensjahre erhalten.

Anne wurde gegen Ende des sechzehnten Jahrhunderts in Lindheim geboren, einer kaiserlich freien Burg mit dazugehörigem Dorf, beides im Besitz der Herren von Rosenbach. Von Annes Kindheit wissen wir nichts; sie wird sich in den eingeengten und vielfach gefährdeten Verhältnissen der damaligen Zeit abgespielt haben. Nächst dem Hausvater, der bedrohlich nah, und dem lieben Gott, der sehr weit weg war, fügte man sich den Anordnungen

des Oberschultheißen, der die weltliche Macht aus-
übte, und dem Wort des Pfarrers, der in allen Belangen des Seelenheils die letzte Instanz war. Der
damals in Lindheim amtierende Pastor, Hölker mit
Namen, muß im übrigen ein recht maßvoller Mann
gewesen sein, der den ihm anvertrauten Sprengel
lange Zeit aus dem grassierenden Hexenfieber her-
aushalten konnte.

Anne wurde nach der Sitte der damaligen Zeit in
sehr jungen Jahren vermählt. Sie muß mit ihrem
Eheherrn, dem Conrad Lorsch, über lange Jahre
recht einvernehmlich, wenn auch nicht gerade
herzlich gelebt haben. Es kamen Kinder, man tat
sein Tagwerk, man betete gemeinsam, feierte die
kargen Feste und war zufrieden, wenn man von Pest
und Krieg verschont blieb. Die Jahre vergingen,
Conrad und Anne wurden langsam alt. Die Kinder –
soweit sie nicht vor der Zeit gestorben waren –
wuchsen heran und würden bald selber wieder Kinder haben. Es war der ganz normale Kreislauf dörfli-
chen Lebens, den wir uns als Hintergrund vorzustellen haben.

Am 6. Juli 1633, einem Samstag, nimmt indes ein
Verfahren seinen Anfang, das diese einfache, zuver-
lässige Ordnung für Anne und ihre Familie auf
immer zerstören wird, das zudem so unsinnig, wirr
und lächerlich wirkt, daß man es für eine schlechte
Erfindung halten könnte, hätte sich nicht der
genaue Wortlaut der ganzen Verhandlung im Archiv
zu Lindheim gefunden.

An besagtem Samstag also kommt eine gewisse
Sophie, Johann Lorschens Eheweib, zum Oberschultheißen auf das Amt gelaufen und beschwert
sich aufgeregt über ihre Nachbarin, eben unsere

Pomp Anne. Sie habe es bereits 1631 zu Protokoll gegeben, daß Anne sie „in die Hüffte geschlagen und ohne einige Ursach an das Bein gestrichen und mit dem Daumen berührt" habe.[45] Weil sie seither immer wieder Streit mit ihr habe, bitte sie nun die hochwohllöbliche Obrigkeit aufs dringlichste, das Verfahren von damals wieder aufzunehmen und zu einem Ende zu bringen.

Ausgangspunkt der Angelegenheit – soweit man das aus dem monströs verworrenen Protokollstil des Schriftführers herausbuchstabieren kann – sind also zwei zänkische Weiber, die nicht miteinander auskommen und sich gegenseitig das Leben schwermachen. Der schlimmste Tort, den man der Widersacherin antun kann, ist, sie auf dem Amt wegen eines Vorfalls anzuschwärzen, der nach Zauberei und Hexenwerk riecht. Man kann es der Anne also nicht verdenken, daß sie auf das Getratsche ihrer Nachbarin, sie ans Bein geschlagen und mit dem Daumen berührt zu haben, so heftig reagiert. Schwerfällig, aber unaufhaltsam wie Gottes Mühlen setzt sich die Gerichtsmaschinerie in Bewegung. Fürs erste wird Pomp Anne aufgefordert, zur Einvernahme auf das Amt zu kommen. Sie erscheint erhobenen Hauptes, im Vollgefühl ihrer Rechtschaffenheit. Noch wirkt alles wie ein lächerlicher Dorfschwank, aber der Tod beginnt bereits, in aller Stille die Sense zu wetzen.

Drei Zeugen hat die Klägerin aufgeboten, die ihre Aussagen bestätigen sollen. Da ist zum ersten eine gewisse Margarete Stamm. Nach „vorhergehender Verwarnung des Meineids" wiederholt sie die alte, bereits aktenkundige Geschichte: daß sie damals vor zwei Jahren mit ihrer Freundin Sophie auf der sogenannten „Frauenwiese" am Flußufer gesessen habe, als plötzlich die Pomp Anne „ohne einige Ursach sich zu ihnen geleget, Sophien in die Hüfte geschlagen und hernach mit der Hand über das Bein gefahren habe".

Der zweite Zeuge, Andreas Peppel mit Namen, weiß über diesen Vorfall überhaupt nichts zu sagen, hat aber eine andere Begebenheit beizusteuern, die ganz unzweideutig beweist, daß mit der Anne nicht alles so ist, wie es sich ein gottesfürchtiger Mensch wünschen möchte. Der kürzlich verstorbene Keeler nämlich habe ihm auf dem Totenbett anvertraut, „als er auf der Gassen unter dem Tor Pompannen getroffen und sie mit ihm geredet, sei er wunderbarlich gefallen und habe den Schenkel gebrochen". Diese Aussage bekräftigt der dritte im Bund, Caspar Zumm mit Namen, der die nämlichen Worte aus dem Mund des Sterbenden gehört haben will.

Anne wird aufgefordert, sich zu dieser Anschuldigung zu äußern. Sie leugnet empört, den Keeler „dermahlen angerührt zu haben", gibt lediglich zu, daß sie ihn „von Fernen angeredet" habe. Außerdem habe sie doch sofort einen Backtrog herbeigeschleppt, mit dem man den Verunglückten habe forttragen können. „Sagte ferners, daß es kalt Wetter gewest, darum er ja wohl hätte fallen können." Im übrigen beruft sie sich auf einen gewissen Johann Weigand, der bezeugen könne, daß sie nicht dabeigewesen sei, als der Keeler zu Fall kam.

Diese Aussage, fest und bestimmt vorgetragen, wirkt vernünftig und überlegt, und so könnte eigentlich die ganze Angelegenheit wie der berühmte Sturm im Wasserglas sein Ende finden. Mitnichten! Wir befinden uns im siebzehnten Jahrhundert; das

Wort „Hexe" liegt unheilschwanger in der Luft, der Inquisitionsapparat ist in Bewegung geraten; so befinden denn die Herren nach kurzer Beratung, daß die Verhandlung fortzusetzen und die verdächtige Person „einzuziehen" sei. In dieser Minute entscheidet sich Annes Schicksal. Alles hätte noch einmal gutgehen können, nach diesem Spruch aber senkt sich die finstere Wolke des Hexenwahns auf die Dächer von Lindheim herab und wird so schnell nicht wieder weichen.

Anne kehrt nicht mehr nach Hause zurück. Sie wird die Ihren nicht wiedersehn. Sie hat, ohne es zu wissen, am Morgen dieses Tages von allem, was ihr Leben bisher ausgemacht hat, Abschied genommen.

Man bringt sie in den Hexenturm, ein düsteres Steingemäuer am Rande des Orts, an dem die Leute mit einem hastig geschlagenen Kreuz vorbeizueilen pflegen. Wie mag Anne auf diesem Gang zumute gewesen sein? Schlug ihr Herz schneller, ging der Atem hastiger als sonst? Oder sah sie die Gefahr noch gar nicht in ihrem ganzen Ausmaß, beharrte sie immer noch störrisch darauf, ihr könne nichts geschehen, weil sie sich keiner Schuld bewußt sei? Wußte sie denn nicht, daß allein die Tatsache, ein Weib zu sein, schon Schuld genug war?

Mitten aus einem Tag heraus, der wie jeder andere mit Ziegenmilch, Morgengebet und Feuermachen begonnen hatte – mitten aus der Hitze eines Sommertags, der schon nach Heu und Korn riecht, stößt der Büttel die Frau in die kalte Finsternis des Turms hinein. Die Tür fällt zu, ein Riegel wird kreischend vorgeschoben, die Schritte der Peiniger verhallen. Totenstille senkt sich über Anne; sie ist allein wie noch nie in ihrem Leben. Ihre einzige Gesellschaft sind die Ratten, die ihr über die Füße huschen. Es ist, als hätte man sie begraben. Sie braucht lange, bis ihre Augen das bißchen Helligkeit wahrnehmen können, das hoch oben durch einen Mauerschlitz hereinfällt.

Annes einfacher Kopf kann noch nicht begreifen, was da eigentlich geschehen ist. Sie tastet sich an den feuchten Steinwänden entlang, hockt sich endlich auf einen Haufen muffigen Strohs, schaut vor sich hin und sieht doch nichts. Langsam erlischt der schmale Lichtstreifen; draußen wird es Nacht. Die Zusammengekauerte hört fern und dünn das Gebimmel einer Glocke; Zeit für das Abendgebet. Automatisch kniet sie nieder, murmelt ein Vaterunser und ein Herr-erbarme-dich. Und da, mit einemmal, bricht eine Mauer in ihr zusammen. Angst und Entsetzen wälzen sich in ungeheuren Wogen durch ihr Inneres, steigen den Hals herauf, schnüren ihr den Atem ab. *Sie sitzt im Hexenturm!* Anne beginnt zu wimmern, zu heulen, zu schreien, bis kein Ton, keine Träne mehr kommen will. Die Mauern verschlucken alles, sie haben schon so viel geschluckt: Gebete, Verwünschungen, Schmerzensschreie. Irgendwann, nach einer langen Zeit, nimmt der Engel des Schlafs die Erschöpfte in die Arme und schenkt ihr ein wenig Ruhe und Vergessen.

Tags darauf nimmt das Verhör seinen Fortgang. Der von Anne benannte Entlastungszeuge, Johann Weigand, soll gehört werden. Aber er hat Angst. Es wäre nicht das erstemal, daß einer als Zeuge hinein- und als Mitbeschuldigter herauskommt. Und wer kann schon mit Bestimmtheit sagen, daß Anne nicht vielleicht doch eine Hexe ist? Ihr Mundwerk, scharf wie ein Schlachtmesser, es wäre danach. Seine Aussagen fallen also recht halbherzig aus: Anne sei „anderthalb Schritt weit und lang hinter Keelern hergegangen", weiß er zu vermelden. Also gerade die richtige Distanz für einen Zauberspruch; das sagt er nicht, aber alle denken es.

Noch ist das Wort „Hexe" offiziell nicht gefallen, aber jedermann weiß, worauf die Befragung hinausläuft. Nach langem Herumstöbern in alten Aktenbergen wird einer der Beisitzer fündig; er stößt auf eine Spur, die das Verfahren voranbringen kann: War die Beschuldigte nicht bereits vor etlichen Jahren einmal wegen eines ähnlichen Vorfalls ins Gerede gekommen? Zwei Männer aus dem Dorf, Peter Engel und Johannes Metzel, hätten sie doch damals wegen eines Beinschadens in der Kanzlei zu Büdingen verklagt. Anne wehrt sich: Ja, sie könne sich an den Vorfall erinnern; dem Metzel sei ein Pferd gestorben, das sie angefaßt habe. Aber sie hätten sich doch in Güte geeinigt, sie hätten sogar in aller Freundschaft mitsammen gegessen und getrunken, der Peter, der Johannes und sie, und nie mehr sei hinterher wieder die Rede darauf gekommen.

Anne wird wieder in den Turm gebracht. Diesmal schlägt ihr Herz in wilder Angst; ihr graut vor der Dunkelheit des Lochs, in das sie hinabgestoßen wird. Wie ein Tier, das Schutz sucht, gräbt sie sich in den alten, stinkenden Strohhaufen hinein. Nichts mehr sehen – nichts mehr hören – schlafen und am besten nicht mehr aufwachen müssen! Sie kann doch keine Hexe sein, wenn sie gar nichts davon weiß! Ihre einzige Ausschweifung war so dann und wann ein Krüglein Most gewesen, das sie sich heimlich genehmigte; Schlimmeres will ihr nicht einfallen. Anne denkt an Casper: Was er wohl zu allem sagen mag? Ob er noch zu ihr hält? Oder ob er schon den Tag verwünscht, an dem sie der Pfarrer zusammengegeben hat?

Es vergehen Tage, an denen sich die schwere Eisentür nur jeweils für Augenblicke öffnet, wenn ein muffiger Wachhabender ein Stück Brot, einen Krug Wasser in ihr Mauerloch hereinreicht. Anne verliert jedes Zeitgefühl, sie brütet vor sich hin, die Sinne verwirren sich. Ab und zu erwachen plötzlich ihre Lebensgeister; dann rennt sie voll Verzweiflung gegen die stummen, kalten Wände. Sie will hier heraus! Sie will leben! Sie will Rüben hacken, kochen, Gänse füttern, mit den Nachbarn schwätzen! Mein Gott, wie glücklich war sie all diese mühseligen Jahre gewesen! Jetzt weiß sie es – jetzt, da es zu spät ist. Denn langsam wächst die Ahnung in ihr, daß sie verloren ist. Noch keine, die einmal im Hexenturm gesessen, ist wieder in ein normales Leben zurückgekehrt.

Monate vergehen. Das Verfahren zieht sich in die Länge, es kann nicht leben und nicht sterben. Papierbogen um Papierbogen füllt sich mit der immer gleichen Frage: Ob sie die Sophie in die Hüfte geschlagen, ob sie den Keeler verhext habe? – Und der immer gleichen Antwort: Nein, das habe sie nicht! Anne schleppt sich vom Turm zum Amtshaus und wieder zurück. Einmal hängen blühende Heckenrosen über die Mauern und die Vögel singen; einmal treibt schneidender Novemberwind das Laub der Bäume über den Weg. Anne geht durch Herbstnebel und Winterschnee, sie geht an Frühling und Sommer vorbei, blind und taub gegen ein Leben, zu dem sie schon nicht mehr gehört. Längst ist sie innerlich ausgebrannt, leer, ohne Kraft. Die Haare stehen ihr wirr um den Kopf, sie sind verfilzt und voller Läuse. Die Kleider hängen in schmutzigen Fetzen an ihr herunter. Sie ist zur Hexe aus dem Bilderbuch geworden. Da sie mit niemandem reden kann, spricht sie mit sich selber. Böse Mäuler flüstern, es seien Zaubersprüche oder Zwiegespräche mit dem Gottseibeiuns; die Wohlmeinenden halten dafür, daß sie wohl seltsam im Kopf geworden sei.

Noch ist sie nicht peinlich befragt worden. Noch sind ihr Daumenschrauben, Spanische Stiefel, das „Aufziehen" an den auf den Rücken gebundenen Händen erspart geblieben. Ihre Finger sind nicht zerquetscht, die Schienbeine nicht zersplittert, die Arme nicht aus den Gelenken gekugelt. Man muß der Untersuchungskommission in Anbetracht der Zeitumstände ein geradezu „humanes" Vorgehen bescheinigen. Dies ist nächst dem bereits erwähnten Pastor wohl dem damaligen Oberschultheißen zu danken, der offenbar davor zurückschreckt, die Sache auf die Spitze zu treiben. Er ist nicht der richtige Mann, nicht energisch genug, weshalb er auch kurz nach Beendigung dieses Verfahrens seines Amtes enthoben wird. Sein Nachfolger, ein gewisser Georg Ludwig Geis, ist da aus anderem Holze geschnitzt. Unter seiner Amtsführung wird es ein Aufziehen, Schinden und Brennen geben, daß jeder sehen kann, mit welchem „Feuereifer" hier die Welt von der Pest der Hexerei befreit wird.

Mit der Zeit werden die Herren von der Kommission nervös. Sie setzen Anne „in der Gütt" und „schimpfsweis" zu, ihren Starrsinn endlich aufzugeben und zu gestehen. Als man sie „nach vielen treuherzlichen Vermahnen, Verwarnen, sonderlich vor der Straff Gottes und der lieben Obrigkeit" eines

Morgens wieder befragt, ob sie der Sophie an die Hüfte geschlagen habe, bricht Anne das erstemal zusammen. Sie ist unendlich müde; ihre Gesundheit hat durch einen strengen Winter im Turm ohne Wärme, ohne kräftigende Nahrung, ohne ausreichende Kleidung schwer gelitten. Ja, sagt sie, es möge wohl sein, sie habe der Sophie an die Hüfte gegriffen, nur geschlagen habe sie sie nicht. Anne ist so erschöpft, daß sie selbst einen Kindsmord gestehen würde, um endlich Ruhe zu haben.

Aber diese Ruhe wird ihr nicht zuteil. Am Nachmittag erscheinen Caspar Zaun und Simeon Zeuppel auf der Bildfläche, zwei sogenannte „Blutschöffen", und nehmen an dem Verhör teil. Als Anne die beiden sieht, erschrickt sie bis ins Mark; sie weiß, was es zu bedeuten hat, wenn Männer von diesem Schlag die Szene betreten: Folter, Schmerzen, Tod. Aller Selbsterhaltungstrieb, der ihr verblieben ist, drängt sie zum Widerruf ihres Geständnisses vom Vormittag. Von nun an gesellt sich eine neue Not zu all dem Jammer, den sie zu tragen hat: das Bewußtsein, jede Stunde, bei Tag und Nacht, in jenes schauerliche Verlies geschleppt werden zu können, wo die Folterknechte ihres Amtes walten.

Zaun und Zeuppel verstehen ihr Handwerk, bringen wieder Schwung in den festgefahrenen Prozeßverlauf. Sie verwirren die ohnehin zutiefst Verunsicherte, die sich immer mehr in Widersprüche verhaspelt. Sie spielen mit den Ängsten Annes Katz und Maus, bringen Fragen und Anschuldigungen vor, die mit dem schwebenden Verfahren nichts zu tun haben. Ob sie vom Geschrei des Juden Joseph gehört habe, der sie beschuldige, sein Kind vor ein paar Nächten halb totgedrückt zu haben? Anne, immer noch bewundernswert kämpferisch: Sie wisse nicht, ob das Kind tot oder lebendig sei, und was das mit ihr zu tun habe? Eine andere Verwirr-Frage: Ob sie wisse, daß die „wallersteinische Kellerin" behaupte, sie, Anne, habe ihr im Schlaf lauter blaue Flecken angehext? Anne: Sie habe von dem Gerede gehört, habe aber nichts dergleichen getan; vielmehr habe sie die halb Verhungerte samt ihren Bälgern bei sich verköstigt, bis sie selber nichts mehr gehabt habe. Wer mag diese hier so überraschend aus der Versenkung auftauchende „wallersteinische Kellerin" gewesen sein? Vielleicht gehörte sie zur Legion jener Haus- und Heimatlosen, die damals zu Tausenden über die Landstraßen des Reichs zogen. Wir dürfen nicht vergessen, es ist die Zeit des Dreißigjährigen Kriegs.

Wir schreiben inzwischen den 12. Mai 1634. Nachdem die Drohung mit Gott und Obrigkeit nicht viel gefruchtet hat, befragt man Pomp Anne jetzt zu einem Detail, das bisher noch gar nicht zur Sprache gekommen war: Weshalb sie der Sophie damals nicht nur über das Bein gestrichen, sondern dabei auch mit dem Daumen gedrückt habe, worauf es „stracks aufgebrochen und nach der Kenntnis frommer Leute eine zauberische Wunde ohne Schwulst gegeben habe"? Anne wehrt sich: Sophie habe das Bein doch schon eine ganze Weile weh getan, und zwar so sehr, daß sie „an der notwendigen Arbeit verhindert gewesen sei". Ihre Kontrahentin hingegen und deren herbeizitierter Ehemann schwören hoch und heilig, sie habe niemals vor jenem Gang auf die Frauenwiese über Schmerzen geklagt.

Hier meldet sich plötzlich der Schöffe Caspar Zaun zu Wort. Ihm fällt ein, daß die Pomp Anne seiner Tochter vor zwölf(!) Jahren einmal auf den Kopf geschlagen habe, worauf „ein Unrat wie Molkenwasser herausgelaufen sei". Man schickt nach der Tochter, Judith mit Namen, und diese gibt zu Protokoll, sie „sei ein Mägdlein gewesen und mit der Tochter der Pompanne auf dem Hof gestanden, als diese ihr an den Kopf gegriffen und gesagt habe: ‚Ei schenk meiner Tochter die Haube, weil sie dir doch zu klein ist.' Über acht Tage aber sei ihr Kopf angelaufen, und es habe eine große Geschwulst gegeben". Sie „hätte auch damals den Gedanken geschöpft, es möge solches vom Angreifen herkommen". – Ob das arme, behexte Mägdlein am Ende einen Grindkopf gehabt hat?

Wieder gehen Wochen ins Land. Kein Mensch im Dorf zweifelt inzwischen noch daran, daß Anne eine Hexe ist, nicht einmal die eigenen Kinder und der Mann, mit dem sie über zwanzig Jahre Tisch und Bett geteilt hat. Lange schon traut sich niemand mehr in ihre Nähe, wenn sie zum Verhör geschleppt wird. Dort immer noch die gleichen monotonstumpfsinnigen Fragen. Anne schweigt darauf – was soll sie noch sagen! Längst ist sie in einem Teufelskreis gefangen: Sagt sie nichts, nennt man sie verstockt, gibt sie Antwort, glaubt man ihr nicht. Nachdem man sie an diesem Morgen zum drittenmal aufgefordert hat, endlich den Mund aufzumachen, folgt die wohl erschütterndste Szene des Berichts: In einem letzten Aufbäumen fängt Anne plötzlich an, „von Sachen zu reden, die hier undienlich, sonderlich, daß sie keinem Menschen Leid getan. Ging hin und wider in der Stuben fort und fort und wollte nicht stillestehn". Sie rennt herum wie ein gefangenes Tier, das einen Ausschlupf aus seinem Käfig sucht, schreit den Männern die ganze aufgestaute Seelenqual ins Gesicht. Alle Heiligen ruft sie zu Zeugen an, daß sie nichts Unrechtes getan, nie ein böses Wort gegen Kirche und Obrigkeit gesagt habe, daß sie jeden Sonn- und Feiertag geheiligt und nie ein Abendmahl versäumt habe. – Aber weiß sie denn nicht, daß gerade das gegen sie spricht? Daß dieses Sich-Verstecken hinter Gebet und Gottesfurcht ein Merkmal der Hexen ist?

Erschöpft steht Anne nach diesem Ausbruch vor ihren Richtern, eine gebrochene, zerlumpte, gedemütigte Kreatur. Mühsam nach Luft und Fassung ringend, beginnt sie dann noch einmal zu sprechen: Sie könne nichts mehr sagen, man möge mit ihr machen, was man wolle. „Bat aber zum allerhefftigsten, man wolle ihr von dieser Sache helfen, da sie keine Freud mehr hätte in der Welt", und man solle doch, bitte, ihren Mann kommen lassen.

Ob er wohl gekommen ist? Ob er sie nicht schon längst abgeschrieben hat? Sich schämt, mit einer Hexe verheiratet zu sein? Vielleicht Angst hat, daß es ihm selber an den Kragen gehen könnte, wenn er in ihre Nähe kommt? Es gibt ein erschütterndes Dokument aus einem anderen Prozeß jener Zeit, den Brief eines Mannes an seine wegen Verdachts der Hexerei eingezogene Frau. Da er das vergiftete Seelenklima, die unglaublich verquere Frömmigkeit dieser finsteren Epoche eindrucksvoll widerspiegelt, sei es gestattet, Auszüge daraus hier einzufügen:

„Liebe Hausfrau Catharina! Euer betrübter Zustand ist mir hart zu Herzen gegangen. Dieweil ich von Ihrer gestrengen Herrn Obristen verstanden, glaub ich wohl, daß Ihr eine zauberische und arme verführte Person seiet und der Buße wohl bedürftig.

Und wenn Ihr auch schon durch Hülff des Leidigen Teufels die nachfolgende erschreckliche Pein, welche menschlicherweise möglich, ausstehen werdet, so müßt Ihr doch in ewiger Gefängnis sitzen bleiben und für eine bekannte Zauberin gehalten werden. Mich verwundert sehr und schmerzt mich im Herzen, daß Ihr Euch durch den Henker nackt ausziehen und wider die Natur scheren und schänden lasset. O Gott erbarme sich der armen verführten Seel. Und obwohl ich Euch in dieser Zeit nicht mehr sehen kann, noch sehen will, so verhoffe ich doch, wenn Ihr werdet Euer Gewissen reinigen, daß wir uns wieder im Ewigen Leben mit Freuden ansehen werden. Traget Euer verschuldetes Kreuz willig und gern. Hiermit wünsche ich Euch eine gute Nacht und befehle Euch in den Schutz Gottes und der lieben Engelein, will den Erzengel Michael bitten, daß er zu Euch komme, damit er den bösen Geist aus Eurem Herzen treiben möge − Euer getreuer Hauswirt David Mohr, Miltenberg, 1637."[46]

Anne redet immer weniger, schweigt immer mehr. Bald wird sie ganz verstummen. Dies ist ein Phänomen, das in vielen Hexenprozessen beobachtet werden kann. Die gequälten, seelisch und körperlich gebrochenen Frauen sagen nichts mehr, sie schweigen „stockstill". Selbst auf der Folter machen sie den Mund nicht mehr auf. Sie bitten nur noch um das Ende.

Und das kommt denn auch; plötzlich geht alles ganz schnell. Am Dienstag, 12. August 1634 werden Anne und zwei weitere Frauen, von deren Existenz wir erst hier erfahren, zum letztenmal aus dem Turm geholt und zum Rathaus gebracht. Im Ort herrscht Unruhe; die Leute ahnen, daß heute noch etwas geschehen wird. Sie stehen in Gruppen zusammen und tuscheln mit eingezogenen Köpfen. Ein düsterer Geruch nach Blut und Gewalt liegt in der Luft.

Im Rathaus werden die drei armseligen, zitternden Weiber ein letztesmal vor die Schöffen geführt, die im Sinne der Halsgerichtsbarkeit Karls V. das Urteil abfassen und verlesen. Dann werden „die Malefikantinnen nach gebrochenem Stabe und vorheriger sonderbarer obrigkeitlicher Begnadigung und Milderung des Urteils dem Henker überantwortet".

So stolpern denn noch zur gleichen Stunde drei ausgemergelte Frauen, zerlumpt, verwahrlost und von aller Welt verlassen, durch ein Spalier zusammengelaufener Gaffer zum Richtplatz hinaus. Dort werden sie aus lauter obrigkeitlicher Barmherzigkeit erst mit dem Schwert enthauptet und anschließend auf dem Scheiterhaufen verbrannt.

Man atmet fast erleichtert auf. Endlich ist es vollbracht, endlich hat sie Ruh, die arme, törichte Frau, die für einen dummen Streit mit der Nachbarin so teuer bezahlen mußte.

Es hat grausamere, blutrünstigere, spektakulärere Prozesse gegeben. Das Bestürzende an dem Fall Pomp Anne ist gerade das gänzliche Fehlen jedwelcher Dämonie. Da ist ein stupider Amtsapparat, der, einmal auf Touren gekommen, einfach sein Opfer braucht. Man löscht hier ein Frauenleben mit dem gleichen gedankenlosen Gleichmut aus, wie man einem Suppenhuhn den Hals umdreht. Hier wird der Tod mit wahrhaft männlicher Gründlichkeit verwaltet.

Es gab Frauen, die wirklich über unheimliche Kräfte verfügten. Als Beispiel sei an die Klosterschwester Maria Renata Sängerin von Mossau erinnert, die einen ganzen Konvent durcheinanderbrachte. Sie aktivierte psychische Energien, die sich in etlichen Nonnen bis zur „Besessenheit" steigerten. Diese sonst so frommen und berührungsscheuen Bräute Christi begannen herumzuschreien, sich mit Schaum vor dem Mund im Staub zu wälzen, unflätige Reden zu führen. Sie beschimpften den herbeigerufenen Exorzisten aufs übelste, warfen geweihte Gegenstände zu Boden, vollführten während des Chorgesangs derart obszöne Bewegungen, daß man sie schließlich absondern mußte. Die Urheberin dieser hysterischen Ausbrüche, eben jene Maria Renata Sänger, endete als Hexe – über siebzigjährig – unterm Beil des Henkers. So grausig dieses Urteil sein mag, kann man einen Funken Verständnis dafür aufbringen, daß ein männliches Richterkollegium angesichts dieses Ausbruchs weiblicher Dämonie mit Angst, Panik und Gewalt reagiert.

Pomp Annes Tod hingegen war sinnlos. Sie wurde zur Märtyrerin und war doch gewiß keine Heilige, sondern eine kleinkarierte, durchschnittlich intelligente Keifzange, die nur zu gern noch ein paar Jährchen in ihrer alten Haut verblieben wäre.

In Prozessen dieser Art, wie sie sich in der Spätzeit der Hexenhysterie häuften, wurden Frauen wie Stückgut behandelt. So ordnete beispielsweise der Würzburger Fürstbischof 1631 an, „alle Wochen auf Dienstag, außer wann hohe Feste anfallen, einen Hexenbrand zu thun, jedesmal 20 oder 30 Weiber, 25 zum allerwenigsten und nicht weniger als 15 auf einmal einzusetzen und zu verbrennen".[47]

Die Hexenprozesse stellen eines der schlimmsten Menschheitskapitel dar. Sie zeigen eindrucksvoll,

welcher Barbarei die „lichte Geistigkeit" des Mannes fähig ist, wenn er die andere Seite der Welt, die
Frau, die Gefühle, nicht zulassen will, ja nicht zulassen kann, weil es ihm die Angst verbietet. Angst ist
immer ein schlechter Lehrmeister gewesen. Sie zerstört eben jene Fähigkeit, auf die der Mann sich
soviel zugute hält, nämlich, klar zu denken. Sie
verwandelt Vernunft in finsterste, gewalttätigste
Unvernunft. Am Ende verwechselt der Mann seine
unbewältigte Problematik mit dem Willen Gottes,
und so geschehen perverserweise die schlimmsten
Bluttaten unter der Flagge Christi, des Erlösers.

Über dreihundert Jahre sind seither ins Land
gegangen. Heute wird die Frau nicht mehr auf den
Scheiterhaufen geschickt, aber im Abseits der Welt-
geschichte sitzt sie noch immer. Wann werden wir
endlich erlöst werden – und von wem, wenn wir es
nicht selber tun?

Und wie wird es weitergehen?

Wie sieht eine Welt aus, die man von aller „Hexenenergie" gesäubert hat? Sehen wir uns um: sterbende Wälder; Kornfelder, denen man die letzte Mohnblume weggespritzt hat; „flurbereinigte" Landschaften, wo kein Strauch, kein Baum mehr „unnütz" herumsteht; Raketenarsenale, in denen hunderttausendfacher Tod auf seinen Einsatz wartet. Noch nie war „Hexenkraft" als Gegengewicht gegen die zerstörerischen Mannestugenden, die zuletzt selbst den Massenmord noch idealisieren, lebensnotwendiger als heute.

Viel Ingrimm, viel verzweifeltes Aufbegehren bis hin zu bitterbösem Haß hat sich in der Frauenseele angestaut: Werden wir die Größe aufbringen, diese destruktiven Energien in eine versöhnliche Form umzuwandeln, werden wir unsere „Hexe" zu der Einsicht bringen können, daß das letzte Ziel nicht Rache für erlittenes Unrecht sein sollte, sondern eine bessere Zukunft für die ganze Welt, für Frau *und* Mann?

Bess Truman, die Gattin des ehemaligen amerikanischen Präsidenten, hat einmal die Frage, wie sie ihre Aufgabe in der Öffentlichkeit beschreiben würde, ebenso lapidar wie charakteristisch beantwortet: An der Seite des Gatten stehen, den Mund halten und dafür sorgen, daß der Hut gerade sitzt.

Dies ist im Telegrammstil die Lebensform der angepaßten Frau, welche die Gebote des Mannes zu ihren eigenen gemacht hat. Dieser Weg ist eine Sackgasse, an deren Ende wir heute angelangt sind; hier geht es nicht mehr weiter. Nicht nur die meisten Frauen, auch viele einsichtige Männer sind inzwischen zu dieser Erkenntnis gekommen.

Die letzten Jahrzehnte haben hier ganz allmählich einen Sinneswandel gebracht, der fast ans Wunderbare grenzt und allen Unkenrufen zum Trotz doch zu Hoffnungen auf ein besseres Morgen berechtigt. Viele Frauen sind dabei, sich aus alten Rollen zu befreien, zu entdecken, wie schön es sein kann und wieviel Spaß es macht, der „Hexe" wieder ihre angestammten Seelengemächer einzuräumen. „Hexe" zu sein ist in feministischen Kreisen geradezu schick geworden. Diese urweibliche Gestalt ist zur Galionsfigur vieler emanzipatorischen Bestrebungen der Frau geworden.

Trotzdem sind wir von einem ausgewogenen Verhältnis zwischen den Geschlechtern immer noch sehr weit entfernt. Die Frau kann protestieren und demonstrieren, sie kann Barrikaden bauen, männerfeindliche Reden halten, sich ganz aufgeklärt und emanzipiert geben – und heimlich doch noch an der alten patriarchalischen Leimrute kleben. Was uns Frauen – und darüber hinaus der ganzen Erde – not tut, ist, daß wir wirklich wieder zu unserem ureigensten Wesen, zu unseren Seelenquellen zurückfinden, daß wir aus der Mitte unserer weiblichen Eigenart heraus ein neues Leben als ganzheitlicher Mensch wagen, ohne rivalisierenden Blick auf das männliche „Vorbild". Wir dürfen nicht nur Hexen *spielen,* wir müssen wieder Hexen *sein.* Das ist wahrlich nicht leicht, denn dazu ist es nötig, erst einmal gleich einem Puzzlespiel jene Wesensanteile zusammenzusuchen, die man der Frau genommen hat: die Göttin, die Fee, die weise Frau, die Heilerin, die böse und die gute Hexe. Diese machtvollen Frauengestalten widerlegen ein Vorurteil, das uns vom Mann so gern suggeriert wird: daß „echte" Weiblichkeit nämlich schwach sei, anlehnungsbedürftig, weich und immerdar gefühlvoll. Das ist nur die Hälfte der Münze; die andere Seite zeigt die abgründige, dämonische, die giftige, boshafte, mörderische Seite; es ist die dunkle, aber mächtige „Hexenkraft", wie sie uns in der Circe, der Medea, der Fee Morgane, in der Baba Jaga und manch anderer Frauengestalt begegnet ist. Sie gehört zur weiblichen Ganzheit wie der Mond zur Nacht, wie das Korn zur Erde. Ohne sie gleichen wir Schlangen, denen man die Zähne gezogen hat. Selbst wenn wir beißen möchten, können wir nicht mehr. Man hat uns ein menschliches Grundrecht genommen: die freie Selbstentscheidung, gut oder böse zu sein.

Freilich ist für den Mann eine zahnlose Schlange bequemer; aber beraubt er sich nicht selber der Möglichkeit, menschlich zu wachsen und zu reifen, wenn er es mit einer Partnerin zu tun hat, die ihm von vornherein unterlegen ist, weil sie keinen „Biß" mehr hat? Erinnern wir uns an den listenreichen Odysseus und seine schöne, böse Circe: Hier konnte Ausgewogenheit entstehen, weil sich zwei gleichrangige Persönlichkeiten gegenüberstanden – der Mann, dem nicht nur physische Kraft, sondern auch „weibliche" Klugheit zu Gebote stand, und eine Frau, die durchaus nicht nur weich und anschmiegsam war. Vielleicht könnten wir uns bei den beiden

Anregung holen, wie der „Modellfall" eines Miteinander-Umgehens von morgen aussehen könnte: phantasievoller, anspruchsvoller und letzten Endes für beide Partner befriedigender.

Zugegeben, dem Mann wird es nicht leichtfallen, von seinem Thron herunterzusteigen und sich mit der „Hexe" Freud und Leid dieser Erde zu teilen. Er wird auf vielen Gebieten umlernen müssen: wie fragwürdig es beispielsweise geworden ist, sich weiterhin „die Erde untertan" zu machen. Ein Slogan unserer Tage, der sogar schon das Fernsehen zu erobern beginnt, lautet: Die Natur braucht uns nicht, aber wir brauchen die Natur! Es gibt auch bereits viele Männer, die am „Umdenken" sind, denen Partnerschaft – sei's mit der Umwelt allgemein, sei's mit der Frau, mit der sie leben – wichtiger ist als Vorherrschaft um jeden Preis. Hier sind auch wir Frauen gefordert. Auch wir müssen uns in diesen Wandlungsprozeß mit hineinbegeben, dürfen nicht mit verschränkten Armen daneben stehen und warten, bis der Mann sich genügend geändert hat. Partnerschaft ist immer etwas, das miteinander wächst oder gar nicht.

Eine gemeinsame Lebensbewältigung kann durch die Einbeziehung der „Hexe" nur gewinnen. Gewaltige Energien schlummern in ihr, der Urfrau, Energien, die Angst erzeugen können, wenn sie unkontrolliert ausgelebt werden, Nicht umsonst haben Generationen von „Vätern" und „Helden" versucht, sie vom Lebensstrom abzuschneiden. Wie man sieht: Sie hat alle Scheiterhaufen überlebt, alle männlich moralischen Kreuzzüge gegen sie, alle Herabwürdigungen und Bannflüche. Sie ist – das vergißt der Mann so gern – so ewig wie der Kosmos selber, die andere Hälfte Gottes, die lange verschwiegen wurde. Erst der leider viel zu früh verstorbene Papst Luciani hat es gewagt, diese Grundwahrheit wieder auszusprechen: Gott ist Vater, noch viel mehr aber ist er Mutter!

Nicht zurück ins Matriarchat darf also der Weg gehen und nicht weiter vorwärts auf dem unsicher gewordenen Tugendpfad der Patriarchen. Wir brauchen eine dritte, ganz neue Lebensstraße, auf der „Hexe" und „Held" ungekränkt nebeneinander gehen können, Hand in Hand, wenn auch grundverschieden, vereint in der „chymischen Hochzeit" der alten Alchimisten, durch das Band einer Toleranz, die wir finden müssen – bald finden müssen –, wenn das Gastspiel des Homo sapiens auf dem schönen, blauen Planeten Erde nicht ein jähes und unrühmliches Ende nehmen soll.

Anmerkungen

1 Geistliches Donnerwetter. Bayerische Barockpredigten, Hrsg. Georg Lohmeier, dtv 1967

2 Hesiod, Werke, Wiesbaden 1947

3 Geistliches Donnerwetter

4 Erich Neumann, Ursprungsgeschichte des Bewußtseins, Reihe Geist und Psyche 42042, München

5 Orpheus. Altgriechische Mysterien, Köln 1982

6 ebenda

7 ebenda

8 Hesiod

9 ebenda

10 ebenda

11 alle Zitate dieses Absatzes aus Orpheus

12 Die Nachtfeier der Venus, München 1960

13 Apuleius, Der Goldene Esel, München 1961

14 Die Nachtfeier der Venus

15 Berliner Illustrirte Zeitung, Nachdruck, Berlin 1983

16 Ovid, Metamorphosen, München 1984

17 Lexikon der Symbole, Wiesbaden 1980

18 Ovid, Metamorphosen

19 ebenda

20 ebenda

21 ebenda

22 ebenda

23 Euripides, Medea, Stuttgart 1955

24 dieses und alle folgenden Zitate dieses Kapitels aus „Gilgamesch", eine Erzählung aus dem alten Orient, Insel-Bücherei Nr. 203

25 Apuleius, Der Goldene Esel

26 Dr. Vollmer's Wörterbuch der Mythologie, Nachdruck von 1874, Wiesbaden

27 Apuleius, Der Goldene Esel
28 C. G. Jung, Symbole der Wandlung, Olten 1973
29 Die Edda I. Heldendichtungen, Düsseldorf und Köln 1979
30 Die Edda
31 Heinrich Heine, Buch der Lieder, München 1956
32 Lexikon der Symbole, Wiesbaden 1980
33 Schriften der Heiligen Hildegard von Bingen, Frankfurt 1980
34 ebenda
35 ebenda
36 ebenda
37 ebenda
38 Lexikon der Symbole
39 Schriften der Heiligen Hildegard von Bingen
40 ebenda
41 ebenda
42 ebenda
43 ebenda
44 ebenda
45 Georg Conrad Horst, Zauber-Bibliothek, Band 1, Freiburg 1979
46 Hans Jürgen Wolf, Hexenwahn und Exorzismus, Kriftel/Taunus 1980
47 ebenda

Weitere verwendete Literatur:
Pierre Grimal, Mythen der Völker, Frankfurt/Main und Hamburg 1967
Robert von Ranke-Graves, Griechische Mythologie, Reinbek bei Hamburg 1960
Arno Reissenweber, Germanische Göttersagen, Stuttgart
Verzauberte Welten, Time-Life-Bücher, Amsterdam

174

Urbilder der kristallinen Materie
Zum Foto auf dem Umschlag von Manfred P. Kage

Wissenschaftlich ausgedrückt, handelt es sich bei diesen Bildern um willkürlich gesteuerte Kristallisationen natürlicher und synthetischer Stoffe, die zwischen zwei Glasplatten durch Temperatureinfluß aus der Schmelze rekristallisiert oder durch Verdunstung des Lösungsmittels kristallisiert wurden. Diese Kristallpräparate werden in einem Kameramikroskop mit Hilfe von polarisiertem Licht und einem von Kage entwickelten Spezialkompensator, dem Polychromator, fotografiert.

Der Polychromator ist eine Art optischer Synthesizer oder besser ein „optisches Musikinstrument", mit dem Kaskaden von Klangfarben in einerseits gesetzmäßiger, andererseits beliebiger Folge von Farbklängen gestaltet werden können. So lassen sich beispielsweise von einem Gesteinsdünnschliff, einer hauchdünnen Schicht von kristallisiertem Schwefel oder von Sphäritgefügen des Triphenylmethans eine unerschöpfliche Fülle von permutierenden Farbvariationen erzeugen. Was steckt nun aber dahinter?

Die Aggregatzustände der festen Kristalle, der kristallinen und amorphen Flüssigkeiten sowie der gasförmigen Stoffe entsprechen den Tamas, Rayas und Satvas der indischen Sankhja-Philosophie, welche die statischen Niveaus der Verwandlungen und

Seinszustände bezeichnen. Die europäische Analogie dazu wären Physis, Bios, Psyche und Pneuma, denen auf der materiellen Seite die Zustände fest, kristallin-flüssig (mesomorph), flüssig und gasförmig entsprechen.

Wer sich mit der Entstehung der Planeten beschäftigt, kennt die immense Bedeutung der Kristallisations- und Erstarrungsvorgänge in der Planetenoberfläche, die Gesteins- und Gebirgsschichten hervorbringen. Die Kristallbildung ist das Urmodell der Festkörperanteile aller Lebewesen; Kristallgitter finden sich in der Zellulose und damit im Holz, in den Kieselskeletten der Radolarien und Diatomeen, in den Schalen und Panzern der Korallen, Muscheln und Seeigel sowie in den Kalkgefügen des Knochenbaus der Säugetiere.

Durch chemische oder alchimistische Verwandlungen des Stoffes lassen sich neue Kristallformen erzeugen; künstlerische Empfindung und der unerschöpfliche Formenreichtum der Natur treten miteinander in Kommunikation.

Ein optisches Kaleidoskop mit zwei Präzisionsspiegeln ermöglicht zusätzlich die Symmetrierung der kristallinen Bildwerke zu Mandalas, den Urbildern der Seele. Die suggestive Zentrierung, die das Auge zur Mitte lenkt, eröffnet einen Blick in den imaginären, mythischen Raum, in welchem die Strukturen der Materie und der Psyche nicht voneinander zu unterscheiden sind.

Rosmarie Bog · Das Wasser des Lebens
Eine sanfte Erlösung
In der Buchreihe „Weisheit im Märchen"
174 Seiten, gebunden

„Das Wasser des Lebens", ein Märchen der Gebrü-
der Grimm, enthält das verbreitete Motiv vom kran-
ken König, der drei Söhne hat, von denen der jüngste und anscheinend dümmste schließlich die Krone
gewinnt.
Einfühlend und kritisch zupackend nähert sich Rosmarie Bog den einzelnen Gestalten des Märchens.
Weniger analysierend als nacherzählend, entwirft
sie ein Charakterbild des dahinsiechenden Königs,
dem es an Vitalität, aber auch an Einsicht mangelt,
der beiden älteren Brüder, die mit brutaler Gewalt
oder durch List zur Macht streben, und des jüngsten
Sohnes, in dem sie den jugendlichen Alternativen
von heute wiedererkennt, der freilich noch lernen
muß, nicht zu naiv und gutgläubig zu sein. In dem
Zwerg, der den Weg der drei Brüder kreuzt und sie
in eine aussichtslose Lage oder zum Wasser des
Lebens leiten kann, erblickt sie einen Boten der
Mutter Erde, die große Macht in kleiner Gestalt, auf
die zu achten heute so nötig ist. Das Wasser des
Lebens selbst beschreibt sie als die Quelle, deren
Hüterin das Weibliche ist, von dem der König und
dessen zwei ältere Söhne nichts ahnten. Fast un-
merklich vermittelt die Autorin Einsichten und Im-
pulse für einen neuen Lebensstil.

Kreuz Verlag

Neben dem vorliegenden Band sind in der Reihe
»Zauber der Mythen« erschienen:

Theodor Seifert · Weltentstehung
Die Kraft von tausend Feuern

Verena Kast · Sisyphos
Der alte Stein – der neue Weg

Ingried Riedel · Demeters Suche
Mütter und Töchter

Lutz Müller · Der Held
Jeder ist dazu geboren

Hans Jellouschek · Semele, Zeus und Hera
Die Rolle der Geliebten in der Dreiecksbeziehung

Jörg Rasche · Prometheus
Kampf zwischen Sohn und Vater

Olga Rinne · Medea
Das Recht auf Zorn und Eifersucht

Tonius Timmermann · Die Musen der Musik
Stimmig werden mit sich selbst

Kreuz Verlag